L. ANNAEUS SENECA

Epistulae morales ad Lucilium
Liber VI

Briefe an Lucilius über Ethik
6. Buch

LATEINISCH/DEUTSCH

ÜBERSETZT UND HERAUSGEGEBEN
VON RAINER RAUTHE

PHILIPP RECLAM JUN. STUTTGART

Universal-Bibliothek Nr. 2137

Gesamtherstellung: Reclam, Ditzingen. Printed in Germany 1993

ISBN 3-15-002137-5

Inhalt

Epistula LIII

Seneca Lucilio suo salutem

(1) Quid non potest mihi persuaderi, cui persuasum est ut navigarem? Solvi mari languido; erat sine dubio caelum grave sordidis nubibus, quae fere aut in aquam aut in ventum resolvuntur, sed putavi tam pauca milia a Parthenope tua usque Puteolos subripi posse, quamvis dubio et inpendente caelo. Itaque quo celerius evaderem, protinus per altum ad Nesida derexi praecisurus omnes sinus. (2) Cum iam eo processissem ut mea nihil interesset utrum irem an redirem, primum aequalitas illa quae me corruperat periit; nondum erat tempestas, sed iam inclinatio maris ac subinde crebrior fluctus. Coepi gubernatorem rogare ut me in aliquo litore exponeret: aiebat ille aspera esse et inportuosa nec quicquam se aeque in tempestate timere quam terram. (3) Peius autem vexabar quam ut mihi periculum succurreret; nausia enim me segnis haec et sine exitu torquebat, quae bilem movet nec effundit. Institi itaque gubernatori et illum, vellet nollet, coegi, peteret litus. Cuius ut viciniam attigimus, non expecto ut quicquam ex praeceptis Vergilii fiat,

obvertunt pelago proras

aut

ancora de prora iacitur:

memor artificii mei vetus frigidae cultor mitto me in mare,

53. Brief

Seneca grüßt seinen Lucilius

(1) Was kann man mir nicht alles einreden, der ich mich überreden ließ, eine Seereise zu unternehmen? Ich ließ die Anker bei ruhiger See lichten; gewiß war der Himmel drückend von dunklen Wolken, die sich in der Regel entweder in Regen oder in Sturm auflösen, aber ich glaubte, man könne die paar Meilen von Deinem Parthenope[1] bis nach Puteoli[2] heimlich zurücklegen, so ungewiß und bedrohlich die Wetterlage auch war. Deshalb ließ ich, um desto schneller zu entrinnen, den Kurs übers offene Meer direkt zur Insel Nesis[3] einschlagen, weil ich alle Buchten abschneiden wollte. (2) Als ich schon so weit vorangekommen war, daß es für mich keinen Unterschied mehr machte, ob ich weiterfuhr oder umkehrte, war es zunächst vorbei mit der ruhigen See, die mich verlockt hatte; es herrschte noch kein Sturm, aber schon kam ein gewisser Wellengang auf und gleich darauf stärkerer Seegang. Ich begann den Steuermann zu bitten, mich irgendwo an Land abzusetzen: er erwiderte immer wieder, alle Küsten seien rauh und ohne Hafen und er fürchte bei Sturm nichts so sehr wie das Land. (3) Zu arg wurde ich jedoch gequält, als daß mir die Gefahr zu Bewußtsein gekommen wäre; die Seekrankheit marterte mich nämlich, zäh und endlos von der Art, die die Galle reizt, es aber nicht zum Erbrechen kommen läßt. Ich bedrängte deshalb den Steuermann und zwang ihn, mochte er wollen oder nicht, auf die Küste zuzuhalten. Sobald wir in deren Nähe gekommen sind, warte ich nicht ab, daß irgendeine von den Vorschriften Vergils[4] ausgeführt wird:

sie wenden den Bug der Schiffe zum Meer hin

oder

der Anker wird vom Bug herab geworfen:

im Bewußtsein meiner Schwimmkunst als alter Verehrer kalten Wassers[5] stürze ich mich ins Meer, wie es sich für einen

quomodo psychrolutam decet, gausapatus. (4) Quae putas me passum dum per aspera erepo, dum viam quaero, dum facio? Intellexi non inmerito nautis terram timeri. Incredibilia sunt quae tulerim, cum me ferre non possem: illud scito, Ulixem non fuisse tam irato mari natum ut ubique naufragia faceret: nausiator erat. Et ego quocumque navigare debuero vicensimo anno perveniam.

(5) Ut primum stomachum, quem scis non cum mari nausiam effugere, collegi, ut corpus unctione recreavi, hoc coepi mecum cogitare, quanta nos vitiorum nostrorum sequeretur oblivio, etiam corporalium, quae subinde admonent sui, nedum illorum quae eo magis latent quo maiora sunt. (6) Levis aliquem motiuncula decipit; sed cum crevit et vera febris exarsit, etiam duro et perpessicio confessionem exprimit. Pedes dolent, articuli punctiunculas sentiunt: adhuc dissimulamus et aut talum extorsisse dicimus nos aut in exercitatione aliqua laborasse. Dubio et incipiente morbo quaeritur nomen, qui ubi ut talaria coepit intendere et utrosque distortos pedes fecit, necesse est podagram fateri.

(7) Contra evenit in his morbis quibus adficiuntur animi: quo quis peius se habet, minus sentit. Non est quod mireris, Lucili carissime; nam qui leviter dormit, et species secundum quietem capit et aliquando dormire se dormiens cogitat: gravis

›Kaltbader‹ gehört, nur mit einem Umhang[6] bekleidet. (4) Was, glaubst Du, habe ich durchgemacht, während ich über rauhes Gelände an Land kroch, während ich einen Weg suchte, während ich mir einen bahnte? Ich sah ein, daß nicht zu Unrecht von Seeleuten das Land gefürchtet wird. Unglaublich ist, was ich ertragen habe, obwohl ich mich nicht tragen[7] konnte: Du sollst eines wissen, daß es Odysseus[8] nicht vom Schicksal bestimmt war, überall bei so erzürntem Meer Schiffbruch zu erleiden: er wurde leicht seekrank. Auch ich würde, wohin auch immer ich eine Seereise unternehmen müßte, erst im zwanzigsten Jahr[9] ankommen.

(5) Sobald sich mein Magen, der, wie Du weißt, die Seekrankheit nicht gleich nach Verlassen des Meeres loswird, beruhigt hatte, sobald ich meinen Körper durch Einreiben mit Salböl erfrischt hatte, begann ich mir dies zu überlegen, wie leicht wir unsere Schwächen dem Vergessen anheimfallen lassen, sogar die körperlichen, die sich von Zeit zu Zeit in Erinnerung bringen, noch viel leichter die, die um so tiefer verborgen sind, je größer sie sind. (6) Ein leichter Fieberanfall täuscht einen; aber sobald er stärker geworden und ein wirkliches Fieber aufgeflammt ist, entreißt es auch einem, der abgehärtet und viel zu ertragen gewohnt ist, das Geständnis. Die Füße schmerzen, in den Gelenken spürt man leichte Stiche: noch verstellen wir uns und sagen, wir hätten uns den Knöchel verrenkt oder bei einer sportlichen Betätigung einen Schaden erlitten. Wenn die Krankheit noch unklar ist und erst allmählich beginnt, sucht man nach einem Namen; sobald sie die Knöchel immer mehr anschwellen läßt und bewirkt hat, daß beide Füße verkrüppelt sind, muß man eingestehen, daß es sich um Gicht handelt.

(7) Umgekehrt geht es bei Erkrankungen, von denen die Seele befallen wird: je schlechter es einem geht, desto weniger spürt man es. Es gibt keinen Grund, Dich darüber zu wundern, teuerster Lucilius; denn wer einen leichten Schlaf hat, macht sich Vorstellungen[10] gleich nach dem Einschlafen und denkt beim Schlafen manchmal, daß er schläft: schwerer, tiefer

sopor etiam somnia extinguit animumque altius mergit quam ut in ullo intellectu sui sit. (8) Quare vitia sua nemo confitetur? quia etiamnunc in illis est: somnium narrare vigilantis est, et vitia sua confiteri sanitatis indicium est. Expergiscamur ergo, ut errores nostros coarguere possimus. Sola autem nos philosophia excitabit, sola somnum excutiet gravem: illi te totum dedica. Dignus illa es, illa digna te est: ite in complexum alter alterius. Omnibus aliis rebus te nega, fortiter, aperte; non est quod precario philosopheris. (9) Si aeger esses, curam intermisisses rei familiaris et forensia tibi negotia excidissent nec quemquam tanti putares cui advocatus in remissione descenderes; toto animo id ageres ut quam primum morbo liberareris. Quid ergo? non et nunc idem facies? omnia inpedimenta dimitte et vaca bonae menti: nemo ad illam pervenit occupatus. Exercet philosophia regnum suum; dat tempus, non accipit; non est res subsiciva; ordinaria est, domina est, adest et iubet. (10) Alexander cuidam civitati partem agrorum et dimidium rerum omnium promittenti 'eo' inquit 'proposito in Asiam veni, ut non id acciperem quod dedissetis, sed ut id haberetis quod reliquissem'. Idem philosophia rebus omnibus: 'non sum hoc tempus acceptura quod vobis superfuerit, sed id vos habebitis quod ipsa reiecero'. (11) Totam huc converte mentem, huic adside, hanc cole: ingens intervallum inter te et ceteros fiet; omnes mortales multo antecedes, non multo te dii antecedent. Quaeris quid

Schlaf löscht auch die Träume aus und läßt die Seele zu tief versinken, als daß sie irgendein Bewußtsein von sich selbst haben könnte. (8) Weshalb gesteht niemand seine Fehler ein? Weil er auch jetzt noch in ihnen befangen ist: einen Traum erzählen kann nur einer, der wach ist, und seine Fehler einzugestehen, ist Zeichen seelischer Gesundheit. Wir wollen uns also aufmachen,[11] um unsere Fehler aufdecken zu können. Doch allein die Philosophie wird uns aufwecken, allein sie wird den tiefen Schlaf austreiben: ihr widme Dich ganz! Du bist ihrer würdig, sie ist Deiner würdig: umarmt einander! Versage Dich allem anderen, tapfer, ganz offen; Du hast keinen Grund, nur auf Widerruf zu philosophieren. (9) Wenn Du krank wärest, hättest Du die Sorge um Deine Privatangelegenheiten hintangestellt, die Geschäfte auf dem Forum wären Dir entglitten und Du hieltest niemanden für wichtig genug, um für ihn als Rechtsbeistand beim Nachlassen der Krankheit aufs Forum hinabzusteigen;[12] Dein ganzes Sinnen richtete sich nur darauf, so bald wie möglich von der Krankheit frei zu werden. Was also? Willst Du nicht auch jetzt dasselbe tun? Laß alle Hindernisse beiseite und mache Dich frei für eine sittlich vollkommene seelische Verfassung[13]: niemand erreicht sie, solange er beschäftigt ist. Die Philosophie übt ihre Herrschaft aus: sie gibt Zeit, sie nimmt sie nicht an; sie ist keine Nebensache; die Hauptsache ist sie, die Herrin ist sie, sie ist da und befiehlt. (10) Alexander erwiderte Bürgern einer Stadt, als sie ihm einen Teil ihres Landes und die Hälfte von allem Besitz versprachen: »Ich bin mit dem Vorsatz nach Asien gekommen, nicht das anzunehmen, was ihr übergebt, sondern daß ihr das behaltet, was ich übriglasse.« Genauso erwidert die Philosophie allen Dingen[14]: »Ich bin nicht gewillt, die Zeit anzunehmen, die ihr übrig habt, sondern ihr werdet die haben, die ich selbst als überflüssig abtrete.« (11) Richte Deine ganze Einstellung auf diese, sitze bei ihr, verehre sie[15]: eine riesige Kluft wird zwischen Dir und den übrigen entstehen; allen Sterblichen wirst Du viel voraushaben, nicht viel werden Dir die Götter voraushaben. Du

inter te et illos interfuturum sit? diutius erunt. At mehercules magni artificis est clusisse totum in exiguo; tantum sapienti sua quantum deo omnis aetas patet. Est aliquid quo sapiens antecedat deum: ille naturae beneficio non timet, suo sapiens. (12) Ecce res magna, habere inbecillitatem hominis, securitatem dei. Incredibilis philosophiae vis est ad omnem fortuitam vim retundendam. Nullum telum in corpore eius sedet; munita est, solida; quaedam defetigat et velut levia tela laxo sinu eludit, quaedam discutit et in eum usque qui miserat respuit. Vale.

Epistula LIV

Seneca Lucilio suo salutem

(1) Longum mihi commeatum dederat mala valetudo; repente me invasit. 'Quo genere?' inquis. Prorsus merito interrogas: adeo nullum mihi ignotum est. Uni tamen morbo quasi adsignatus sum, quem quare Graeco nomine appellem nescio; satis enim apte dici suspirium potest. Brevis autem valde et procellae similis est impetus; intra horam fere desinit: quis enim diu exspirat? (2) Omnia corporis aut incommoda aut pericula per me transierunt: nullum mihi videtur molestius. Quidni? aliud enim quidquid est aegrotare est, hoc animam

fragst, welcher Unterschied zwischen Dir und ihnen bestehen wird? Sie werden länger dasein. Aber beim Herkules, es ist das Werk eines großen Künstlers,[16] das Ganze in etwas Kleinem einzuschließen; dem Weisen bietet seine Lebenszeit Raum für so viel wie einem Gott die Ewigkeit. Es gibt etwas, was der Weise einem Gott voraushat: jener empfindet durch Gnade der Natur[17] keine Furcht, der Weise durch eigene. (12) Sieh, es ist eine große Sache, die Schwäche eines Menschen und zugleich die Unbesorgtheit eines Gottes zu besitzen. Unglaublich ist die Kraft der Philosophie, jede Macht des Schicksals unschädlich zu machen. Kein Geschoß bleibt in ihrem Körper haften; sie ist gesichert, fest; manche Geschosse macht sie unwirksam und pariert sie mit lockerem Gewandbausch,[18] als ob sie ungefährlich wären, manche stößt sie von sich und schleudert sie immer wieder auf den zurück,[19] der sie abgeschossen hatte. Leb wohl!

54. Brief

Seneca grüßt seinen Lucilius

(1) Langen Urlaub hatte mir die Krankheit zugestanden,[1] plötzlich befiel sie mich. »Von welcher Art?« fragst Du. Ganz zu Recht stellst Du die Frage: einfach nichts ist mir unbekannt. Für eine einzige Krankheit bin ich dennoch gleichsam prädestiniert – warum ich sie mit ihrer griechischen Bezeichnung[2] benennen soll, sehe ich nicht ein; denn man kann sie ganz zutreffend Atemnot nennen. Sehr kurz aber und einem Wirbelwind ähnlich ist der Anfall; innerhalb einer Stunde hört er wieder auf: Wer haucht nämlich so lange seine Seele aus?[3] (2) Alle Arten körperlicher Beschwerden oder Gefahren sind durch meinen Körper hindurchgezogen[4]: keine scheint mir beschwerlicher. Warum denn? Alles andere, was es auch sei, bedeutet nämlich, krank zu sein, dies bedeutet,

egerere. Itaque medici hanc 'meditationem mortis' vocant; facit enim aliquando spiritus ille quod saepe conatus est. (3) Hilarem me putas haec tibi scribere quia effugi? Tam ridicule facio, si hoc fine quasi bona valetudine delector, quam ille, quisquis vicisse se putat cum vadimonium distulit. Ego vero et in ipsa suffocatione non desii cogitationibus laetis ac fortibus adquiescere. (4) 'Quid hoc est?' inquam 'tam saepe mors experitur me? Faciat: [at] ego illam diu expertus sum.' 'Quando?' inquis. Antequam nascerer. Mors est non esse. Id quale sit iam scio: hoc erit post me quod ante me fuit. Si quid in hac re tormenti est, necesse est et fuisse, antequam prodiremus in lucem; atqui nullam sensimus tunc vexationem. (5) Rogo, non stultissimum dicas si quis existimet lucernae peius esse cum extincta est quam antequam accenditur? Nos quoque et extinguimur et accendimur: medio illo tempore aliquid patimur, utrimque vero alta securitas est. In hoc enim, mi Lucili, nisi fallor, erramus, quod mortem iudicamus sequi, cum illa et praecesserit et secutura sit. Quidquid ante nos fuit mors est; quid enim refert non incipias an desinas, cum utriusque rei hic sit effectus, non esse?

(6) His et eiusmodi exhortationibus (tacitis scilicet, nam verbis locus non erat) adloqui me non desii; deinde paulatim suspirium illud, quod esse iam anhelitus coeperat, intervalla maiora fecit et retardatum est. At remansit, nec adhuc, quamvis desierit, ex natura fluit spiritus; sentio haesitationem

mit dem Tod zu ringen.[5] Deshalb nennen die Ärzte es ›Vorübung für den Tod‹; eines Tages bringt dieser Atem nämlich zustande, was er oft versucht hat. (3) Glaubst Du, daß ich Dir das in heiterer Laune schreibe, weil ich entronnen bin? So lächerlich handelte ich, wenn ich mich über dieses Ende freute, als ob ich gesund wäre, wie ein Mann, der glaubt, gesiegt zu haben, wenn er den Verhandlungstermin in einem Rechtsstreit aufgeschoben hat.

Ich aber habe sogar gerade während dieses Erstickungsanfalls nicht aufgehört, mich mit erfreulichen und ermutigenden Gedanken zu beruhigen. (4) »Was ist das?« fragte ich mich, »so oft stellt mich der Tod auf die Probe? Mag er es tun: Ich habe ihn oft erprobt.« »Wann?« fragst Du. Bevor ich geboren wurde. Tod bedeutet, nicht zu existieren. Wie das ist, weiß ich schon: nach meinem Leben wird das sein, was vor ihm war. Wenn etwas an Qual darin enthalten ist, war es notwendigerweise auch enthalten, bevor wir ans Licht hervorgetreten sind; doch haben wir damals keine Belästigung gespürt. (5) Ich frage: müßte man es nicht als den Gipfel der Torheit bezeichnen, wenn jemand glaubte, einer Öllampe[6] gehe es schlechter, wenn sie erloschen ist, als bevor sie angezündet wird? Auch wir erlöschen und werden angezündet: in der Zwischenzeit erleiden wir etwas, vorher und hinterher jedoch herrscht tiefe Geborgenheit. Darin nämlich, mein Lucilius, irren wir, wenn ich mich nicht täusche, daß wir urteilen, der Tod folge dem Leben, während er doch sowohl vorausgegangen ist als auch unmittelbar folgt. Was auch immer vor uns war, ist der Tod; welchen Unterschied macht es nämlich, ob man gar nicht anfängt oder aufhört, wenn das Ergebnis von beidem ist, nicht zu existieren?

(6) Mit diesen und gleichartigen Ermunterungen (lautlosen natürlich, denn für Worte war kein Raum) sprach ich mir unaufhörlich zu. Dann machte allmählich jene Atemnot, die schon in Ersticken übergegangen war, größere Pausen und trat seltener auf. Aber es ist etwas zurückgeblieben, und bis jetzt strömt, obwohl es aufgehört hat, der Atem nicht natür-

quandam eius et moram. Quomodo volet, dummodo non ex animo suspirem. (7) Hoc tibi de me recipe: non trepidabo ad extrema, iam praeparatus sum, nihil cogito de die toto. Illum tu lauda et imitare quem non piget mori, cum iuvet vivere: quae est enim virtus, cum eiciaris, exire? Tamen est et hic virtus: eicior quidem, sed tamquam exeam. Et ideo numquam eicitur sapiens quia eici est inde expelli unde invitus recedas: nihil invitus facit sapiens; necessitatem effugit, quia vult quod coactura est. Vale.

Epistula LV

Seneca Lucilio suo salutem

(1) A gestatione cum maxime venio, non minus fatigatus quam si tantum ambulassem quantum sedi; labor est enim et diu ferri, ac nescio an eo maior quia contra naturam est, quae pedes dedit ut per nos ambularemus, oculos ut per nos videremus. Debilitatem nobis indixere deliciae, et quod diu noluimus posse desiimus. (2) Mihi tamen necessarium erat concutere corpus, ut, sive bilis insederat faucibus, discuteretur, sive

lich: ich spüre ein gewisses Stocken in ihm und ein Zögern. Soll er es machen, wie er will, solange ich nicht in der Seele Atemnot leide. (7) Folgendes nimm als Mitteilung über mich entgegen: Ich werde nicht ängstlich zittern vor der letzten Stunde, ich bin schon vorbereitet, ich bedenke nichts für einen ganzen Tag. Den Mann lobe Du und ahme ihn nach, dem es keinen Verdruß bereitet zu sterben, obwohl es ihm Freude macht zu leben: was für eine sittliche Vollkommenheit ist es denn hinauszugehen, wenn man hinausgeworfen wird? Dennoch ist auch da sittliche Vollkommenheit vorhanden: ich werde zwar hinausgeworfen, aber so, als ob ich freiwillig hinausginge. Und daher wird der Weise niemals hinausgeworfen, weil hinausgeworfen zu werden bedeutet, von da vertrieben zu werden, von wo man gegen seinen Willen weggeht: nichts macht der Weise gegen seinen Willen; er entgeht der Notwendigkeit, weil er will, wozu sie ihn gleich zwingen wird. Leb wohl!

55. Brief

Seneca grüßt seinen Lucilius

(1) Gerade kehre ich von einem Ausflug in der Sänfte zurück, nicht weniger ermüdet, als wenn ich so lange zu Fuß gegangen wäre, wie ich gesessen habe; eine Anstrengung ist es nämlich auch, sich lange tragen zu lassen, und vielleicht ist sie um so größer, weil es gegen die Natur ist, die uns Füße gegeben hat, um aus eigener Kraft zu gehen, Augen, um aus eigener Kraft zu sehen. Das Vergnügen an der Sänfte hat uns kommende Gebrechlichkeit schon angekündigt, und was wir lange nicht gewollt haben, können wir nicht mehr. (2) Für mich war es dennoch notwendig, den Körper durchrütteln zu lassen: falls sich ein gallebitterer Geschmack in der Kehle festgesetzt hatte, sollte er herausgeschüttelt werden, oder

ipse ex aliqua causa spiritus densior erat, extenuaret illum iactatio, quam profuisse mihi sensi. Ideo diutius vehi perseveravi invitante ipso litore, quod inter Cumas et Servili Vatiae villam curvatur et hinc mari, illinc lacu velut angustum iter cluditur. Erat autem a recenti tempestate spissum; fluctus enim illud, ut scis, frequens et concitatus exaequat, longior tranquillitas solvit, cum harenis, quae umore alligantur, sucus abscessit.

(3) Ex consuetudine tamen mea circumspicere coepi an aliquid illic invenirem quod mihi posset bono esse, et derexi oculos in villam quae aliquando Vatiae fuit. In hac ille praetorius dives, nulla alia re quam otio notus, consenuit, et ob hoc unum felix habebatur. Nam quotiens aliquos amicitiae Asinii Galli, quotiens Seiani odium, deinde amor merserat (aeque enim offendisse illum quam amasse periculosum fuit), exclamabant homines, 'o Vatia, solus scis vivere'. (4) At ille latere sciebat, non vivere; multum autem interest utrum vita tua otiosa sit an ignava. Numquam aliter hanc villam Vatia vivo praeteribam quam ut dicerem, 'Vatia hic situs est'.

Sed adeo, mi Lucili, philosophia sacrum quiddam est et venerabile ut etiam si quid illi simile est mendacio placeat. Otiosum enim hominem seductum existimat vulgus et securum et se contentum, sibi viventem, quorum nihil ulli contingere nisi sapienti potest. Ille solus scit sibi vivere; ille enim, quod est primum, scit vivere. (5) Nam qui res et homines fugit, quem cupiditatum suarum infelicitas relegavit, qui

falls das Atmen selbst aus irgendeinem Grund schwerer fiel, sollte die heftige Bewegung es erleichtern; und ich habe gemerkt, daß sie geholfen hat. Deshalb beharrte ich darauf, den Ausflug länger auszudehnen, zumal der Küstenstreifen selbst dazu einlud, der sich zwischen Cumae und dem Landhaus des Servilius Vatia[1] in Biegungen hinzieht und auf der einen Seite vom Meer, auf der anderen vom See[2] wie ein enger Weg eingeschlossen wird. Er war aber von dem kürzlichen Sturm verfestigt; denn die Brandung macht ihn, wie du weißt, eben, wenn sie häufig und heftig ist; eine längere Meeresruhe lockert den Boden, wenn aus dem Sand, der durch die Feuchtigkeit gebunden wird, das Wasser geschwunden ist.
(3) Nach meiner Gewohnheit begann ich dennoch, mich umzuschauen, ob ich etwas fände, was mir von Nutzen sein könnte, und mein Blick fiel auf das Landhaus, das einmal dem Vatia gehört hat. In ihm wurde dieser reiche ehemalige Prätor alt, bekannt nur durch seinen Müßiggang, und aus diesem einzigen Grund hielt man ihn für glücklich. Denn sooft freundschaftliche Beziehungen zu Asinius Gallus[3], sooft der Haß des Sejan[4], dann auch seine Liebe irgendwelche Leute ins Verderben gestürzt hatte (gleich gefährlich war es nämlich, jenen beleidigt wie geliebt zu haben), riefen die Menschen aus: »Vatia, du allein verstehst zu leben!« (4) Doch der verstand es, sich verborgen zu halten, nicht zu leben. Es besteht aber ein großer Unterschied, ob Dein Leben in Muße verläuft oder untätig. Niemals ging ich zu Vatias Lebzeiten an diesem Haus vorbei, ohne zu sagen: »Vatia liegt hier begraben.« Nun ist, mein Lucilius, die Philosophie in so hohem Maße etwas Heiliges und Verehrungswürdiges, daß etwas gefällt, auch wenn es ihr nur ähnlich ist aufgrund einer Täuschung. Einen in Muße lebenden Menschen hält das Volk nämlich für zurückgezogen, frei von Sorgen und mit sich zufrieden, weil er nur für sich lebt; all dies kann nur einem Weisen gelingen. Jener allein versteht, für sich zu leben; er versteht nämlich, was am wichtigsten ist, zu leben. (5) Denn wer Geschäfte und Menschen meidet, wen die ausgebliebene

alios feliciores videre non potuit, qui velut timidum atque iners animal metu oblituit, ille sibi non vivit, sed, quod est turpissimum, ventri, somno, libidini; non continuo sibi vivit qui nemini. Adeo tamen magna res est constantia et in proposito suo perseverantia ut habeat auctoritatem inertia quoque pertinax.

(6) De ipsa villa nihil tibi possum certi scribere; frontem enim eius tantum novi et exposita, quae ostendit etiam transeuntibus. Speluncae sunt duae magni operis, cuivis laxo atrio pares, manu factae, quarum altera solem non recipit, altera usque in occidentem tenet. Platanona medius rivus et a mari et ab Acherusio lacu receptus euripi modo dividit, alendis piscibus, etiam si adsidue exhauriatur, sufficiens. Sed illi, cum mare patet, parcitur: cum tempestas piscatoribus dedit ferias, manus ad parata porrigitur. (7) Hoc tamen est commodissimum in villa, quod Baias trans parietem habet: incommodis illarum caret, voluptatibus fruitur. Has laudes eius ipse novi: esse illam totius anni credo; occurrit enim Favonio et illum adeo excipit ut Bais neget. Non stulte videtur elegisse hunc locum Vatia in quem otium suum pigrum iam et senile conferret.

(8) Sed non multum ad tranquillitatem locus confert: animus est qui sibi commendet omnia. Vidi ego in villa hilari et amoena maestos, vidi in media solitudine occupatis similes. Quare non est quod existimes ideo parum bene compositum

Erfüllung der eigenen leidenschaftlichen Wünsche aus dem Leben verbannt hat, wer nicht hat sehen können, daß andere glücklicher sind, wer wie ein ängstliches und träges Tier sich aus Furcht verborgen hat, der lebt nicht für sich, sondern, was am schändlichsten ist, für Magen, Schlaf, Lust; nicht ohne weiteres lebt für sich, wer für niemanden sonst lebt. Trotzdem ist die Beständigkeit und das Beharren auf dem eigenen Vorsatz eine so bedeutende Sache, daß auch hartnäkkige Trägheit Ansehen genießt.

(6) Über das Landhaus selbst kann ich Dir nichts Bestimmtes schreiben; ich kenne nämlich nur seine Vorderseite und das Äußere, das es auch Vorübergehenden zeigt. Es gibt zwei Grotten, mit viel Aufwand verfertigt, einem geräumigen Atrium gleich, künstlich herausgearbeitet, von denen die eine keinen Sonnenstrahl einläßt, die andere das Sonnenlicht bis zum Untergang festhält. Einen Platanenhain teilt ein Bach in der Mitte, der das Meer und den Acherusischen See miteinander verbindet in der Art eines Kanals, zur Aufzucht von Fischen geeignet, auch wenn er ständig leergefischt werden sollte. Aber dieses Gewässer wird verschont, wenn das Meer schiffbar ist; wenn ein Sturm den Fischern Freizeit verschafft, streckt man die Hände nach dem aus, was bereit ist. (7) Folgendes jedoch ist der größte Vorteil des Landhauses, daß Baiae gleich nebenan liegt: von dessen Nachteilen ist es frei, die Vorzüge genießt es. Diese lobenswerten Seiten des Landhauses kenne ich selbst: ich glaube, es besitzt sie das ganze Jahr hindurch; es ist nämlich dem milden Westwind ausgesetzt und fängt ihn so ab, daß es ihn Baiae wegnimmt. Gar nicht so dumm scheint Vatia diesen Platz ausgewählt zu haben, um dort seine schon träge Muße des Alters zu verbringen.

(8) Aber nicht viel trägt der jeweilige Ort zur Ruhe bei: die Seele ist es, die für sich allem einen Wert verleiht. Ich habe in einem heiteren und ruhigen Landhaus traurige Menschen gesehen, mitten in der Einsamkeit Leute, die Vielbeschäftigten glichen. Deshalb gibt es für Dich keinen Anlaß zu glau-

esse te quod in Campania non es. Quare autem non es? huc usque cogitationes tuas mitte. (9) Conversari cum amicis absentibus licet, et quidem quotiens velis, quamdiu velis. Magis hac voluptate, quae maxima est, fruimur dum absumus; praesentia enim nos delicatos facit, et quia aliquando una loquimur, ambulamus, consedimus, cum diducti sumus nihil de iis quos modo vidimus cogitamus. (10) Et ideo aequo animo ferre debemus absentiam, quia nemo non multum etiam praesentibus abest. Pone hic primum noctes separatas, deinde occupationes utrique diversas, deinde studia secreta, suburbanas profectiones: videbis non multum esse quod nobis peregrinatio eripiat. (11) Amicus animo possidendus est; hic autem numquam abest; quemcumque vult cotidie videt. Itaque mecum stude, mecum cena, mecum ambula: in angusto vivebamus, si quicquam esset cogitationibus clusum. Video te, mi Lucili; cum maxime audio; adeo tecum sum ut dubitem an incipiam non epistulas sed codicellos tibi scribere. Vale.

Epistula LVI

Seneca Lucilio suo salutem

(1) Peream si est tam necessarium quam videtur silentium in studia seposito. Ecce undique me varius clamor circumsonat: supra ipsum balneum habito. Propone nunc tibi omnia genera

ben, Du seist darum weniger gut dran, weil Du nicht in Kampanien bist. Weshalb aber bist Du es nicht? Schicke doch Deine Gedanken hierher! (9) Umgang haben kann man mit abwesenden Freunden, und sogar sooft man will, solange man will. In höherem Maße genießen wir dieses Vergnügen – es ist das größte, das es gibt –, solange wir nicht da sind; die Anwesenheit macht uns nämlich verwöhnt, und weil wir gelegentlich miteinander sprechen, umhergehen, uns setzen, denken wir, wenn wir getrennt sind, überhaupt nicht an die, die wir gerade gesehen haben. (10) Und deshalb müssen wir die Abwesenheit mit Gleichmut ertragen, weil jeder vielfach auch für die Anwesenden nicht da ist. Denke hier zunächst an die Trennung in den Nächten, ferner an die Geschäfte, die für beide verschieden sind, schließlich an die Studien, für die man allein sein muß, an die Ausflüge in der Nähe der Stadt[5]: Du wirst sehen, daß es nicht viel ist, was uns eine Reise in größere Entfernung wegnimmt. (11) Den Freund muß die Seele besitzen: diese aber ist niemals abwesend; wen auch immer sie will, den sieht sie täglich. Deshalb treibe Deine Studien mit mir, speise mit mir, gehe mit mir spazieren: beschränkt lebten wir, wenn etwas den Gedanken verschlossen wäre. Ich sehe Dich, mein Lucilius; gerade jetzt höre ich Dich; ich bin so sehr mit Dir zusammen, daß ich zweifle, ob ich nicht beginnen soll, Dir statt Briefen nur kurze Notizen[6] zu schreiben. Leb wohl!

56. Brief

Seneca grüßt seinen Lucilius

(1) Ich will des Todes sein, wenn Stille so notwendig ist, wie man allgemein glaubt, für einen, der in seine Studien vertieft ist. Sieh nur, von allen Seiten umtönt mich Lärm vielfältiger Art: direkt über einer Badeanlage wohne ich. Stelle Dir

vocum quae in odium possunt aures adducere: cum fortiores exercentur et manus plumbo graves iactant, cum aut laborant aut laborantem imitantur, gemitus audio, quotiens retentum spiritum remiserunt, sibilos et acerbissimas respirationes; cum in aliquem inertem et hac plebeia unctione contentum incidi, audio crepitum inlisae manus umeris, quae prout plana pervenit aut concava, ita sonum mutat. Si vero pilicrepus supervenit et numerare coepit pilas, actum est. (2) Adice nunc scordalum et furem deprensum et illum cui vox sua in balineo placet, adice nunc eos qui in piscinam cum ingenti inpulsae aquae sono saliunt. Praeter istos quorum, si nihil aliud, rectae voces sunt, alipilum cogita tenuem et stridulam vocem quo sit notabilior subinde exprimentem nec umquam tacentem nisi dum vellit alas et alium pro se clamare cogit; iam biberari varias exclamationes et botularium et crustularium et omnes popinarum institores mercem sua quadam et insignita modulatione vendentis.

(3) 'O te' inquis 'ferreum aut surdum, cui mens inter tot clamores tam varios, tam dissonos constat, cum Chrysippum nostrum adsidua salutatio perducat ad mortem.' At mehercules ego istum fremitum non magis curo quam fluctum aut deiectum aquae, quamvis audiam cuidam genti hanc unam fuisse causam urbem suam transferendi, quod fragorem Nili cadentis ferre non potuit. (4) Magis mihi videtur vox avocare quam crepitus; illa enim animum abducit, hic tantum aures

nun alle Arten von Geräuschen vor, die Haß auf die eigenen Ohren hervorrufen können: wenn Kraftprotze üben und ihre Hände, die mit Bleigewichten beschwert sind, schwingen,[1] wenn sie sich entweder abmühen oder so tun, als ob sie sich abmühten, höre ich Stöhnen, sooft sie den angehaltenen Atem wieder ausstoßen, Zischen und überaus gepreßtes Atmen; wenn ich an jemanden geraten bin, der träge ist und sich mit dem gewöhnlichen Einsalben begnügt,[2] höre ich das Klatschen der Hand, die auf die Schultern schlägt; je nachdem, ob sie flach oder hohl aufschlägt, läßt sie ein verschiedenes Geräusch ertönen. Wenn aber ein Ballspieler unvermutet dazukommt und die Bälle zu zählen beginnt, ist es aus und vorbei. (2) Füge nun noch einen Zankteufel, einen ertappten Dieb und einen hinzu, dem die eigene Stimme im Bad gefällt, füge nun die hinzu, die ins Schwimmbecken springen mit ungeheurem Tosen aufspritzenden Wassers. Außer diesen Menschen, deren Stimmen, wenn schon nichts anderes, so doch wenigstens natürlich sind, denke Dir einen Haarauszupfer[3], der seine dünne, schrille Stimme, um sich dadurch bemerkbarer zu machen, in einem fort ertönen läßt und niemals schweigt, außer solange er aus Achselhöhlen die Haare zupft und einen anderen an seiner Stelle zu schreien zwingt. Schon höre ich die verschiedenen Ausrufe eines Getränkeverkäufers, einen Wursthändler, einen Zuckerbäcker und alle Inhaber von Garküchen, wie sie ihre Ware mit ihrer persönlichen, auffallenden Tonart anpreisen.

(3) Du sagst: »Du mußt aus Eisen und taub sein, wenn Dir der Verstand bei so viel, so verschiedenartigem, so mißtönendem Geschrei die Fassung bewahrt, während unseren Chrysipp[4] der ständige Besuch noch unter die Erde bringt.« Aber beim Herkules, ich kümmere mich um diesen Lärm nicht mehr als um das Wogen und Herabstürzen von Wasser, mag ich auch hören, daß für irgendein Volk dies der einzige Grund gewesen sei, seine Stadt zu verlegen, daß es das Tosen des herabstürzenden Nils[5] nicht ertragen konnte. (4) Mehr scheint mir eine Stimme abzulenken als Lärm; erstere lenkt nämlich den

implet ac verberat. In his quae me sine avocatione circumstrepunt essedas transcurrentes pono et fabrum inquilinum et serrarium vicinum, aut hunc qui ad Metam Sudantem tubulas experitur et tibias, nec cantat sed exclamat: etiamnunc molestior est mihi sonus qui intermittitur subinde quam qui continuatur. (5) Sed iam me sic ad omnia ista duravi ut audire vel pausarium possim voce acerbissima remigibus modos dantem. Animum enim cogo sibi intentum esse nec avocari ad externa; omnia licet foris resonent, dum intus nihil tumultus sit, dum inter se non rixentur cupiditas et timor, dum avaritia luxuriaque non dissideant nec altera alteram vexet. Nam quid prodest totius regionis silentium, si adfectus fremunt?

(6) Omnia noctis erant placida composta quiete.

Falsum est: nulla placida est quies nisi quam ratio composuit; nox inhibet molestiam, non tollit, et sollicitudines mutat. Nam dormientium quoque insomnia tam turbulenta sunt quam dies: illa tranquillitas vera est in quam bona mens explicatur. (7) Aspice illum cui somnus laxae domus silentio quaeritur, cuius aures ne quis agitet sonus, omnis servorum turba conticuit et suspensum accedentium propius vestigium ponitur: huc nempe versatur atque illuc, somnum inter aegritudines levem captans; quae non audit audisse se queritur. (8) Quid in causa putas esse? Animus illi obstrepit. Hic placandus est, huius conpescenda seditio est, quem non est quod existimes placidum, si iacet corpus: interdum quies inquieta

Geist ab, letzterer füllt nur die Ohren und plagt sie. Zu den Geräuschen, die mich, ohne mich abzulenken, umlärmen, zähle ich vorbeifahrende Wagen, einen Schmied als Mitbewohner, einen sägenden Nachbarn oder einen, der an der ›Schwitzenden Säule‹[6] Trompeten ausprobiert und Flöten und nicht Musik macht, sondern die Töne herausschmettert: außerdem ist mir ein Klang lästiger, der immer wieder unterbrochen wird, als einer, der ständig ertönt. (5) Aber ich habe mich schon so gegen all dies abgehärtet, daß ich sogar einen Rudermeister hören kann, wie er mit gellender Stimme den Ruderknechten den Takt angibt. Ich zwinge meinen Geist nämlich, sich auf sich selbst zu konzentrieren und sich nicht auf Äußerliches hin ablenken zu lassen; mag draußen alles von Lärm widerhallen, wenn nur im Innern keine Spur von Aufruhr herrscht, wenn nur miteinander nicht streiten Begierde und Furcht, wenn nur Habgier und Genußsucht nicht uneins sind und nicht die eine die andere quält. Denn was nützt die Stille einer ganzen Landschaft, wenn die Leidenschaften toben?

(6) Alles war von der lieblichen Ruhe der Nacht geordnet.[7]

Das ist falsch: keine Ruhe ist lieblich außer der, die die Vernunft geordnet hat; die Nacht hält Beschwernis nur an, beseitigt sie nicht und verändert die Sorgen. Denn auch von Schlafenden sind die Traumbilder so wirr wie die Tage: wahr ist die Ruhe, zu der gute Seelenhaltung sich entwickelt. (7) Schau den an, der Schlaf im Schweigen seines geräumigen Hauses sucht, an dessen Ohr nicht das geringste Geräusch dringen darf; die ganze Schar der Sklaven ist verstummt, und vorsichtig setzt man den Fuß auf, wenn man näher herankommt: natürlich wälzt er sich hin und her, während er leichten Schlaf unter Besorgnissen zu finden sucht; was er nicht hört, habe er doch gehört, so klagt er. (8) Was, glaubst Du, ist die Ursache? Seine Seele behelligt ihn. Die muß beruhigt, deren innerer Aufruhr muß beschwichtigt werden, weil es keinen Grund gibt anzunehmen, sie sei ruhig, wenn der Körper liegt: bis-

est; et ideo ad rerum actus excitandi ac tractatione bonarum artium occupandi sumus, quotiens nos male habet inertia sui inpatiens. (9) Magni imperatores, cum male parere militem vident, aliquo labore conpescunt et expeditionibus detinent: numquam vacat lascivire districtis, nihilque tam certum est quam otii vitia negotio discuti. Saepe videmur taedio rerum civilium et infelicis atque ingratae stationis paenitentia secessisse; tamen in illa latebra in quam nos timor ac lassitudo coniecit interdum recrudescit ambitio. Non enim excisa desiit, sed fatigata aut etiam obirata rebus parum sibi cedentibus. (10) Idem de luxuria dico, quae videtur aliquando cessisse, deinde frugalitatem professos sollicitat atque in media parsimonia voluptates non damnatas sed relictas petit, et quidem eo vehementius quo occultius. Omnia enim vitia in aperto leniora sunt; morbi quoque tunc ad sanitatem inclinant cum ex abdito erumpunt ac vim sui proferunt. Et avaritiam itaque et ambitionem et cetera mala mentis humanae tunc perniciosissima scias esse cum simulata sanitate subsidunt. (11) Otiosi videmur, et non sumus. Nam si bona fide sumus, si receptui cecinimus, si speciosa contempsimus, ut paulo ante dicebam, nulla res nos avocabit, nullus hominum aviumque concentus interrumpet cogitationes bonas, solidasque iam et certas. (12) Leve illud ingenium est nec sese adhuc

weilen ist die Ruhe voller Unruhe; und deshalb müssen wir uns zum Handeln aufrufen und uns durch Beschäftigung mit Wissenschaften fesseln, sooft uns eine Trägheit, die mit sich selbst unzufrieden ist, übel zusetzt. (9) Wenn große Feldherrn sehen, daß der Soldat schlecht gehorcht, halten sie ihn mit irgendeiner Arbeit in Schranken und beschäftigen ihn mit Unternehmungen: niemals haben die, die vielseitig beschäftigt sind, Zeit, übermütig zu sein, und nichts ist so gewiß wie die Laster des Müßiggangs durch Tätigkeit auszutreiben. Oft sieht es so aus, als hätten wir uns aus Überdruß an der Politik und Unzufriedenheit mit einer Stellung, die kein Glück bringt und undankbar ist, zurückgezogen; trotzdem bricht in dem Schlupfwinkel, in den uns Furcht und Ermüdung geworfen haben, manchmal der Ehrgeiz wieder hervor. Er hat nämlich aufgehört, nicht weil er ausgemerzt war, sondern erschöpft oder sogar erzürnt über Dinge, die ihm zu wenig nach Wunsch gegangen sind. (10) Dasselbe sage ich von der Genußsucht: sie scheint hin und wieder gewichen zu sein, dann aber verführt sie die, die sich zu Enthaltsamkeit bekannt haben, und verlangt mitten in der Sparsamkeit die Genüsse, die nicht verworfen, sondern nur zurückgelassen sind, und zwar um so heftiger, je verborgener es geschieht. Alle Laster sind nämlich, wenn sie offen zutage treten, weniger wirksam; auch Krankheiten neigen dann zur Gesundung, wenn sie aus dem Verborgenen hervorbrechen und ihre Kraft offen zeigen. Deshalb mußt Du wissen, daß Habgier, Ehrgeiz und dazu die übrigen Mängel der menschlichen Seele dann am verderblichsten sind, wenn sie sich unter Vortäuschung geistiger Gesundheit festsetzen. (11) Wir scheinen müßig und sind es nicht. Denn wenn wir aufrichtig sind, wenn wir zum Rückzug geblasen haben, wenn wir uns zur Verachtung äußeren Glanzes durchgerungen haben, wird uns, wie ich es eben gesagt habe, keine Sache ablenken, wird kein Gesang von Menschen und Vögeln unsere guten Gedanken unterbrechen, die schon gefestigt und sicher sind. (12) Unbeständig ist der Geist und hat sich noch nicht nach Innen zurückgezogen, der

reduxit introsus quod ad vocem et accidentia erigitur; habet intus aliquid sollicitudinis et habet aliquid concepti pavoris quod illum curiosum facit, ut ait Vergilius noster:

> et me, quem dudum non ulla iniecta movebant
> tela neque adverso glomerati ex agmine Grai,
> nunc omnes terrent aurae, sonus excitat omnis
> suspensum et pariter comitique onerique timentem.

(13) Prior ille sapiens est, quem non tela vibrantia, non arietata inter ⟨se⟩ arma agminis densi, non urbis inpulsae fragor territat: hic alter inperitus est, rebus suis timet ad omnem crepitum expavescens, quem una quaelibet vox pro fremitu accepta deiecit, quem motus levissimi exanimant; timidum illum sarcinae faciunt. (14) Quemcumque ex istis felicibus elegeris, multa trahentibus, multa portantibus, videbis illum 'comitique onerique timentem'. Tunc ergo te scito esse compositum cum ad te nullus clamor pertinebit, cum te nulla vox tibi excutiet, non si blandietur, non si minabitur, non si inani sono vana circumstrepet. (15) 'Quid ergo? non aliquando commodius est et carere convicio?' Fateor; itaque ego ex hoc loco migrabo. Experiri et exercere me volui: quid necesse est diutius torqueri, cum tam facile remedium Ulixes sociis etiam adversus Sirenas invenerit? Vale.

auf eine Stimme oder zufällige Ereignisse aufmerkt; er hat im Innern etwas von Unruhe und etwas von Angst, die er in sich aufgenommen hat, was ihn neugierig macht, wie unser Vergil sagt:[8]

> und mich, den eben noch keine sausenden Geschosse
> ängstigten,
> auch die Griechen nicht, wenn sie geballt mit feindlicher
> Schar angriffen,
> schreckt jetzt jeder Lufthauch, jedes Geräusch erregt mich,
> weil ich unruhig bin und zugleich um meinen Begleiter und
> meine Last[9] fürchte.

(13) Zuerst ist der weise,[10] den nicht schwirrende Geschosse, nicht gegeneinander schlagende Waffen im dichten Heerhaufen, nicht das Krachen einer in Trümmer sinkenden Stadt in Schrecken versetzt: der andere ist unerfahren, fürchtet um seine Angelegenheiten, wobei er vor jedem Geräusch Angst bekommt, den ein einziger Laut, den er als dumpfen Lärm aufgenommen hat, getäuscht hat, den die leisesten Bewegungen in Todesangst versetzen; ängstlich macht den seine Bürde. (14) Wen auch immer Du von diesen Glücklichen auswählst, die viel schleppen, viel tragen, wirst Du sehen, daß er ›um seinen Begleiter und seine Last fürchtet‹. Wisse also, daß Du erst dann innerlich ruhig bist, wenn kein Lärm sich auf Dich bezieht, wenn keine Stimme Dich aus Deiner Fassung bringt, nicht wenn sie schmeichelt, nicht wenn sie droht, nicht wenn sie mit leerem Klang Nichtiges lärmt. (15) »Was also? Ist es nicht bequemer, endlich einmal lautes Geschrei gar nicht erst um sich zu haben?« Ich gestehe es; deshalb werde ich diesen Ort verlassen. Ich wollte mich erproben und üben: wozu ist es nötig, sich länger zu quälen, wo doch Odysseus ein so leichtes Mittel für seine Gefährten sogar gegen die Sirenen[11] gefunden hat? Leb wohl!

Epistula LVII

Seneca Lucilio suo salutem

(1) Cum a Bais deberem Neapolim repetere, facile credidi tempestatem esse, ne iterum navem experirer; et tantum luti tota via fuit ut possim videri nihilominus navigasse. Totum athletarum fatum mihi illo die perpetiendum fuit: a ceromate nos haphe excepit in crypta Neapolitana. (2) Nihil illo carcere longius, nihil illis facibus obscurius, quae nobis praestant non ut per tenebras videamus, sed ut ipsas. Ceterum etiam si locus haberet lucem, pulvis auferret, in aperto quoque res gravis et molesta: quid illic, ubi in se volutatur et, cum sine ullo spiramento sit inclusus, in ipsos a quibus excitatus est recidit? Duo incommoda inter se contraria simul pertulimus: eadem via, eodem die et luto et pulvere laboravimus.

(3) Aliquid tamen mihi illa obscuritas quod cogitarem dedit: sensi quendam ictum animi et sine metu mutationem quam insolitae rei novitas simul ac foeditas fecerat. Non de me nunc tecum loquor, qui multum ab homine tolerabili, nedum a perfecto absum, sed de illo in quem fortuna ius perdidit: huius quoque ferietur animus, mutabitur color. (4) Quaedam enim, mi Lucili, nulla effugere virtus potest; admonet illam natura mortalitatis suae. Itaque et vultum adducet ad tristia et

57. Brief

Seneca grüßt seinen Lucilius

(1) Als ich von Baiae nach Neapel zurückkehren mußte, ließ ich mich leicht überzeugen, es herrsche Sturm, um nicht erneut einen Versuch mit einer Schiffsreise zu machen;[1] und doch war auf dem ganzen Weg so viel Schlamm, daß es hätte scheinen können, ich sei trotzdem mit dem Schiff gefahren. Das ganze Geschick von Athleten mußte ich an diesem Tag durchmachen: nach der Wachssalbe[2] empfing uns feiner Staub[3] im Tunnel von Neapel.[4] (2) Nichts ist länger als dieser Kerker, nichts trüber als diese Fackeln, die uns nicht durch die Dunkelheit, sondern nur die Fackeln selbst sehen lassen. Im übrigen, auch wenn der Ort Licht hätte, würde der Staub es schlucken, selbst in freiem Gelände eine beschwerliche und lästige Plage: erst recht dort, wo er in sich herumwirbelt, und da er ohne jeden Luftzug eingeschlossen ist, gerade auf die zurückfällt, von denen er aufgewirbelt worden ist. Zwei Unannehmlichkeiten, die einander entgegengesetzt sind, haben wir zugleich ertragen: auf demselben Weg, am selben Tag haben wir uns sowohl mit Schlamm als auch mit Staub herumgequält.

(3) Dennoch hat mir diese Dunkelheit etwas gegeben, worüber ich nachdenken mußte: ich habe einen starken Eindruck auf meine Seele gespürt und ohne Furcht eine Veränderung, die die Neuigkeit der ungewohnten Lage und zugleich ihre Häßlichkeit hervorgerufen hatte. Nicht über mich spreche ich jetzt mit Dir, der ich weit davon entfernt bin, ein erträglicher, geschweige denn ein vollkommener Mensch zu sein, sondern über den, demgegenüber der Zufall sein Recht verloren hat[5]: auch dessen Seele wird getroffen werden, seine Farbe wird sich ändern. (4) Manchem nämlich, mein Lucilius, kann auch ein sittlich vollkommener Mensch nicht entgehen: die Natur erinnert ihn an seine Sterblichkeit. Deshalb wird er seine Miene traurigen Umständen anpassen, bei

inhorrescet ad subita et caligabit, si vastam altitudinem in crepidine eius constitutus despexerit: non est hoc timor, sed naturalis adfectio inexpugnabilis rationi. (5) Itaque fortes quidam et paratissimi fundere suum sanguinem alienum videre non possunt; quidam ad vulneris novi, quidam ad veteris et purulenti tractationem inspectionemque succidunt ac linquuntur animo; alii gladium facilius recipiunt quam vident. (6) Sensi ergo, ut dicebam, quandam non quidem perturbationem, sed mutationem: rursus ad primum conspectum redditae lucis alacritas rediit incogitata et iniussa. Illud deinde mecum loqui coepi, quam inepte quaedam magis aut minus timeremus, cum omnium idem finis esset. Quid enim interest utrum supra aliquem vigilarium ruat an mons? nihil invenies. Erunt tamen qui hanc ruinam magis timeant, quamvis utraque mortifera aeque sit; adeo non effectus, sed efficientia timor spectat.

(7) Nunc me putas de Stoicis dicere, qui existimant animam hominis magno pondere extriti permanere non posse et statim spargi, quia non fuerit illi exitus liber? Ego vero non facio: qui hoc dicunt videntur mihi errare. (8) Quemadmodum flamma non potest opprimi (nam circa id diffugit quo urgetur), quemadmodum aer verbere atque ictu non laeditur, ne scinditur quidem, sed circa id cui cessit refunditur, sic animus, qui ex tenuissimo constat, deprehendi non potest nec intra corpus effligi, sed beneficio subtilitatis suae per ipsa quibus premitur

Unvermutetem erschaudern, und es wird ihm dunkel vor Augen werden, wenn er in eine wüste Tiefe, an ihrem Rand stehend, hinabblickt: das ist nicht Angst, sondern eine naturbedingte Empfindung, unzugänglich der Vernunft. (5) Deshalb können manche, die tapfer und auf der Stelle bereit sind, ihr eigenes Blut zu vergießen, fremdes nicht sehen; manche sinken zu Boden bei Behandlung und Untersuchung einer frischen Wunde, manche bei der einer alten und eitrigen und verlieren das Bewußtsein; andere empfangen leichter einen Schwerthieb als einen zu sehen. (6) Ich habe also, wie gesagt, eine Art nicht gerade von Verwirrung,[6] aber doch von Veränderung gespürt: andererseits ist beim ersten Anblick des wiedergeschenkten Tageslichts die Munterkeit ohne Überlegung und Aufforderung zurückgekehrt. Folgendes begann ich darauf mit mir zu sprechen, wie töricht wir manches mehr oder weniger fürchten, obwohl bei allem das Ende dasselbe ist. Welchen Unterschied macht es nämlich, ob über einen ein Wächterhäuschen stürzt oder ein Berg? Du wirst keinen finden. Dennoch wird es Leute geben, die einen Bergsturz mehr fürchten, mag auch beides in gleicher Weise todbringend sein; so sehr schaut die Furcht nicht auf die Wirkung, sondern auf die wirkenden Kräfte.

(7) Nun glaubst Du, daß ich damit über die Stoiker[7] spreche, die glauben, die Seele eines Menschen, der von einem großen Gewicht zermalmt worden ist, könne nicht erhalten bleiben und löse sich sofort auf, weil sie keinen freien Ausgang gehabt habe. Ich aber tue das nicht: die das behaupten, scheinen mir zu irren. (8) Wie eine Flamme nicht niedergehalten werden kann (denn sie züngelt rings um das herum, wovon sie verdrängt wird), wie Luft durch Schlag und Stoß nicht verletzt, nicht einmal gespalten wird, sondern um das herum zurückströmt, dem sie gewichen ist, so kann die Seele, die aus dem feinsten Stoff besteht, nicht erfaßt und nicht innerhalb des Körpers vernichtet werden, sondern dank ihrer Feinheit entweicht sie gerade durch das hindurch, wovon sie bedrängt

erumpit. Quomodo fulmini, etiam cum latissime percussit ac fulsit, per exgiuum foramen est reditus, sic animo, qui adhuc tenuior est igne, per omne corpus fuga est. (9) Itaque de illo quaerendum est, an possit inmortalis esse. Hoc quidem certum habe: si superstes est corpori, opteri illum nullo genere posse, [propter quod non perit] quoniam nulla inmortalitas cum exceptione est, nec quicquam noxium aeterno est. Vale.

Epistula LVIII

Seneca Lucilio suo salutem

(1) Quanta verborum nobis paupertas, immo egestas sit, numquam magis quam hodierno die intellexi. Mille res inciderunt, cum forte de Platone loqueremur, quae nomina desiderarent nec haberent, quaedam vero ⟨quae⟩ cum habuissent fastidio nostro perdidissent. Quis autem ferat in egestate fastidium? (2) Hunc quem Graeci 'oestron' vocant, pecora peragentem et totis saltibus dissipantem, 'asilum' nostri vocabant. Hoc Vergilio licet credas:

> est lucum Silari iuxta ilicibusque virentem
> plurimus Alburnum volitans, cui nomen asilo
> Romanum est, oestrum Grai vertere vocantes,
> asper, acerba sonans, quo tota exterrita silvis
> diffugiunt armenta.

wird. Genau wie für einen Blitz, auch wenn er noch so weit die Welt erschüttert und gestrahlt hat, der Rückweg durch eine kleine Öffnung führt, so führt für die Seele, die noch feiner ist als Feuer, ein Fluchtweg durch jeden Körper. (9) Deshalb muß man bei ihr untersuchen, ob sie unsterblich sein kann. Dies wenigstens habe als sicheres Wissen: wenn sie den Körper überlebt, kann sie auf keine Art zermalmt werden, da es ja keine Unsterblichkeit mit Ausnahmen gibt und nichts verderblich ist dem Ewigen.[8] Leb wohl!

58. Brief

Seneca grüßt seinen Lucilius

(1) Welch große Armut an Wörtern, vielmehr sogar Mangel wir haben, habe ich niemals deutlicher als am heutigen Tag erkannt. Tausend Begriffe tauchten auf, als wir[1] zufällig über Platon sprachen, die einen Namen brauchten, aber keinen hatten, manche aber, die den römischen Namen, obwohl sie einen gehabt hatten, durch unseren Dünkel verloren haben. Wer aber könnte im Mangel Dünkel ertragen? (2) Das Insekt, das die Griechen ›oistros‹ (Bremse) nennen, das Viehherden umhertreibt und in ganzen Waldschluchten zerstreut, nannten die Unsrigen ›asilus‹. Das kannst Du Vergil[2] glauben:

Nahe beim Hain des Silarus[3] und dem mit Eichen prangenden
Alburnus[4] schwirrt in sehr großer Zahl die Bremse, die den römischen Namen
›asilus‹ hat, die ›oistros‹ die Griechen genannt haben,
gräßlich, mit scharfem Sirren, durch die ganze Herden in den Wäldern
erschreckt auseinanderlaufen.

Puto intellegi istud verbum interisse. (3) Ne te longe differam, quaedam simplicia in usu erant, sicut 'cernere ferro inter se' dicebant. Idem Vergilius hoc probabit tibi:

ingentis, genitos diversis partibus orbis,
inter se coiisse viros et cernere ferro.

Quod nunc 'decernere' dicimus: simplicis illius verbi usus amissus est. (4) Dicebant antiqui 'si iusso', id est 'iussero'. Hoc nolo mihi credas, sed eidem Vergilio:

cetera, qua iusso, mecum manus inferat arma.

(5) Non id ago nunc hac diligentia ut ostendam quantum tempus apud grammaticum perdiderim, sed ut ex hoc intellegas quantum apud Ennium et Accium verborum situs occupaverit, cum apud hunc quoque, qui cotidie excutitur, aliqua nobis subducta sint. (6) 'Quid sibi' inquis 'ista praeparatio vult? quo spectat?' Non celabo te: cupio, si fieri potest, propitiis auribus tuis 'essentiam' dicere; si minus, dicam et iratis. Ciceronem auctorem huius verbi habeo, puto locupletem; si recentiorem quaeris, Fabianum, disertum et elegantem, orationis etiam ad nostrum fastidium nitidae. Quid enim fiet, mi Lucili? quomodo dicetur οὐσία, res necessaria, natura conti-

Ich glaube, man kann daraus erkennen, daß dieses Wort verlorengegangen ist. (3) Um Dich nicht lange hinzuhalten: manche einfachen Bezeichnungen waren in Gebrauch, wie man zum Beispiel ›cernere ferro inter se‹ (mit dem Schwert untereinander entscheiden) sagte. Derselbe Vergil[5] wird Dir dies belegen:

> wie riesige, in verschiedenen Teilen des Erdkreises geborene Männer
> aufeinandertrafen und mit dem Schwert untereinander entschieden.

Und statt dessen sagen wir jetzt ›decernere‹ (entscheiden): der Gebrauch des einfachen Verbs ist verlorengegangen. (4) Die Alten sagten: ›si iusso‹ für ›si iussero‹ (wenn ich befohlen habe). Das sollst Du nicht mir glauben, sondern demselben Vergil[6]:

> Die übrige Schar soll, wie ich es befohlen habe, mit mir angreifen.

(5) Ich habe mit dieser Genauigkeit nicht im Sinn zu zeigen, wieviel Zeit ich beim Grammatiklehrer verloren habe, sondern damit Du daraus erkennst, wie viele Wörter bei Ennius und Accius[7] der Moder[8] erfaßt hat, wenn sogar bei dem, der täglich aufgeschlagen wird, manche Wörter uns fremd geworden sind. (6) »Was soll«, sagst Du, »diese Vorbereitung? Worauf läuft sie hinaus?« Ich will es Dir nicht verheimlichen: ich möchte, wenn es möglich ist, ohne daß Deine Ohren es übelnehmen, den Begriff ›essentia‹ (Wesen) gebrauchen; andernfalls werde ich ihn auch gebrauchen, wenn sie es übelnehmen. Mit Cicero[9] habe ich einen Gewährsmann für dieses Wort, einen vertrauenswürdigen, glaube ich; wenn Du einen jüngeren suchst, biete ich den Fabianus[10], der beredt und geschmackvoll ist mit einer Redeweise, die selbst für unseren Dünkel[11] glänzend ist. Was wird nämlich geschehen, mein Lucilius? Welchen Begriff wird man für οὐσία gebrauchen, etwas Notwendiges[12], den Urstoff[13], der die Grund-

nens fundamentum omnium? Rogo itaque permittas mihi hoc verbo uti. Nihilominus dabo operam ut ius a te datum parcissime exerceam; fortasse contentus ero mihi licere. (7) Quid proderit facilitas tua, cum ecce id nullo modo Latine exprimere possim propter quod linguae nostrae convicium feci? Magis damnabis angustias Romanas, si scieris unam syllabam esse quam mutare non possum. Quae sit haec quaeris? τὸ ὄν. Duri tibi videor ingenii: in medio positum, posse sic transferri ut dicam 'quod est'. Sed multum interesse video: cogor verbum pro vocabulo ponere; sed si ita necesse est, ponam 'quod est'.

(8) Sex modis hoc a Platone dici amicus noster, homo eruditissimus, hodierno die dicebat. Omnes tibi exponam, si ante indicavero esse aliquid genus, esse et speciem. Nunc autem primum illud genus quaerimus ex quo ceterae species suspensae sunt, a quo nascitur omnis divisio, quo universa conprensa sunt. Invenietur autem si coeperimus singula retro legere; sic enim perducemur ad primum. (9) Homo species est, ut Aristoteles ait; equus species est; canis species est. Ergo commune aliquod quaerendum est his omnibus vinculum, quod illa conplectatur et sub se habeat. Hoc quid est? animal. Ergo genus esse coepit horum omnium quae modo rettuli – hominis, equi, canis – animal. (10) Sed ⟨sunt⟩ quaedam quae animam habent nec sunt animalia; placet enim satis et arbustis animam inesse; itaque et vivere illa et mori dicimus. Ergo animantia superiorem tenebunt locum, quia et animalia in hac

lage von allem enthält? Bitte erlaube mir deshalb, dieses Wort zu verwenden. Nichtsdestoweniger werde ich mir Mühe geben, das Recht, das Du mir gegeben hast, äußerst sparsam auszuüben; vielleicht bin ich schon damit zufrieden, daß es mir erlaubt ist. (7) Was wird Dein Entgegenkommen nützen, wenn ich, sieh nur, das auf keine Weise lateinisch ausdrücken kann, dessentwegen ich unserer Sprache den Vorwurf gemacht habe?[14] Noch mehr wirst Du die Beschränktheit der römischen Sprache mißbilligen, wenn Du weißt, daß es nur eine Silbe ist, die ich nicht umsetzen kann. Welche das ist, fragst Du? τὸ ὄν (das Seiende). Es scheint Dir, daß ich geistig schwerfällig bin: es liege doch auf der Hand, daß man es so übertragen kann, daß ich ›quod est‹ (was ist) gebrauche. Aber ich sehe einen großen Unterschied: ich bin gezwungen, ein Verb anstelle eines Nomens[15] einzusetzen; aber wenn es in dieser Weise notwendig ist, werde ich ›quod est‹ einsetzen.
(8) Auf sechs Arten wird dieser Begriff von Platon verwendet,[16] wie unser Freund, ein hochgebildeter Mann, am heutigen Tag sagte. Alle will ich Dir darlegen, zuvor aber den Unterschied zwischen Gattung und Art klarmachen. Jetzt suchen wir zunächst die Gattung, von der die übrigen Arten abhängen, von der jede Unterteilung ausgeht, in der alles zusammengefaßt ist. Man wird sie aber finden, wenn wir beginnen, das Einzelne umgekehrt zusammenzufassen; so gelangen wir nämlich zum Ausgangspunkt. (9) Der Mensch ist eine Art, wie Aristoteles[17] sagt; das Pferd ist eine Art; der Hund ist eine Art. Folglich muß man irgendeine Klammer suchen, die diesen allen gemeinsam ist, die sie umfaßt und unter sich hat. Was ist dies? Das Lebewesen. Also ist die Gattung für all dies, was ich gerade genannt habe – Mensch, Pferd, Hund –, das Lebewesen. (10) Aber es gibt einiges, was Lebenskraft hat, und doch kein Lebewesen ist; es besteht nämlich die Ansicht, daß Saaten und Baumbeständen Lebenskraft innewohnt; deshalb sagen wir auch, daß sie leben und sterben. Also wird das Belebte den übergeordneten Platz innehaben, weil sowohl Lebewesen in dieser Klasse enthalten

forma sunt et sata. Sed quaedam anima carent, ut saxa; itaque erit aliquid animantibus antiquius, corpus scilicet. Hoc sic dividam ut dicam corpora omnia aut animantia esse aut inanima. (11) Etiamnunc est aliquid superius quam corpus; dicimus enim quaedam corporalia esse, quaedam incorporalia. Quid ergo erit ex quo haec deducantur? illud cui nomen modo parum proprium inposuimus, 'quod est'. Sic enim in species secabitur ut dicamus: 'quod est' aut corporale est aut incorporale. (12) Hoc ergo est genus primum et antiquissimum et, ut ita dicam, generale; cetera genera quidem sunt, sed specialia. Tamquam homo genus est; habet enim in se nationum species, Graecos, Romanos, Parthos; colorum, albos, nigros, flavos; habet singulos, Catonem, Ciceronem, Lucretium. Ita qua multa continet, in genus cadit; qua sub alio est, in speciem. Illud genus 'quod est' generale supra se nihil habet; initium rerum est; omnia sub illo sunt.

(13) Stoici volunt superponere huic etiamnunc aliud genus magis principale; de quo statim dicam, si prius illud genus de quo locutus sum merito primum poni docuero, cum sit rerum omnium capax.

(14) 'Quod est' in has species divido, ut sint corporalia aut incorporalia; nihil tertium est. Corpus quomodo divido? ut dicam: aut animantia sunt aut inanima. Rursus animantia quemadmodum divido? ut dicam: quaedam animum habent, quaedam tantum animam, aut sic: quaedam impetum habent, incedunt, transeunt, quaedam solo adfixa radicibus aluntur, crescunt. Rursus animalia in quas species seco? aut mortalia sunt aut inmortalia.

sind als auch Saaten. Aber manches hat keine Lebenskraft, wie zum Beispiel Felsen; daher wird es etwas höher Stehendes geben als das Belebte, nämlich den Körper. Dies will ich so aufteilen, daß ich behaupte, alle Körper seien entweder belebt oder unbelebt. (11) Auch jetzt gibt es noch einen dem Körper übergeordneten Begriff; wir sagen nämlich, manches sei körperlich, manches nicht. Was also wird es sein, woraus man dies ableiten kann? Das, dem wir gerade die wenig zutreffende Bezeichnung zugelegt haben, ›quod est‹ (was ist). Es wird nämlich so in Arten aufgeteilt, daß wir sagen: was ist, ist entweder körperlich oder nicht. (12) Dies also ist die erste Gattung, die älteste und sozusagen allgemeine; die übrigen sind zwar auch Gattungen, aber spezielle. So ist zum Beispiel der Mensch eine Gattung; er umfaßt nämlich die Arten der Nationen: Griechen, Römer, Parther; der Farben: weiße, schwarze, gelbe; er enthält Individuen: Cato, Cicero, Lukrez. So fällt er, insofern er vieles umfaßt, unter den Begriff Gattung; insofern er einem anderen untergeordnet ist, unter den Begriff Art. Die Gattung ›quod est‹ (was ist) hat als allgemeine Gattung nichts über sich; sie ist der Anfang der Dinge; alles ist ihr untergeordnet.

(13) Die Stoiker wollen dieser Gattung noch eine andere, ursprünglichere überordnen; darüber werde ich gleich sprechen, wenn ich zuvor dargelegt habe, daß die Gattung, über die ich gesprochen habe, zu Recht an die erste Stelle gesetzt wird, da sie ein umfassender Begriff für alle Dinge ist.

(14) ›Quod est‹ (was ist) unterteile ich in folgende Arten: körperlich und nicht körperlich; ein Drittes gibt es nicht. Wie unterteile ich den Begriff Körper? Um es gleich zu sagen: entweder gibt es Belebtes oder Unbelebtes. Auf welche Weise unterteile ich des weiteren das Belebte? Um es gleich zu sagen: manches hat Leben, anderes nur Lebenskraft, oder folgendermaßen: manches hat einen Bewegungsdrang, geht vorwärts, wechselt den Platz, anderes nährt sich am Boden festgeheftet mit Wurzeln, wächst. In welche Arten teile ich des weiteren die Lebewesen auf? Entweder sind sie sterblich oder unsterblich.

(15) Primum genus Stoicis quibusdam videtur 'quid'; quare videatur subiciam. 'In rerum' inquiunt 'natura quaedam sunt, quaedam non sunt, et haec autem quae non sunt rerum natura conplectitur, quae animo succurrunt, tamquam Centauri, Gigantes et quidquid aliud falsa cogitatione formatum habere aliquam imaginem coepit, quamvis non habeat substantiam.'

(16) Nunc ad id quod tibi promisi revertor, quomodo quaecumque sunt in sex modos Plato partiatur. Primum illud 'quod est' nec visu nec tactu nec ullo sensu conprenditur: cogitabile est. Quod generaliter est, tamquam homo generalis, sub oculos non venit; sed specialis venit, ut Cicero et Cato. Animal non videtur: cogitatur. Videtur autem species eius, equus et canis.

(17) Secundum ex his quae sunt ponit Plato quod eminet et exsuperat omnia; hoc ait per excellentiam esse. Poeta communiter dicitur (omnibus enim versus facientibus hoc nomen est) sed iam apud Graecos in unius notam cessit: Homerum intellegas, cum audieris poetam. Quid ergo hoc est? deus scilicet, maior ac potentior cunctis.

(18) Tertium genus est eorum quae proprie sunt; innumerabilia haec sunt, sed extra nostrum posita conspectum. Quae sint interrogas? Propria Platonis supellex est: 'ideas' vocat, ex quibus omnia quaecumque videmus fiunt et ad quas cuncta formantur. Hae inmortales, inmutabiles, inviolabiles sunt.

(19) Quid sit idea, id est quid Platoni esse videatur, audi: 'idea est eorum quae natura fiunt exemplar aeternum'. Adiciam definitioni interpretationem, quo tibi res apertior fiat.

(15) Als erste Gattung erscheint manchen Stoikern das ›quid‹ (was); weshalb es ihnen so erscheint, will ich ergänzen. Sie sagen: »In der Welt der Dinge existiert manches, manches existiert nicht, andererseits umfaßt die Welt der Dinge auch das, was nicht existiert, was nur der Phantasie erscheint, wie die Kentauren, Giganten und alles andere, was durch falsche Vorstellung geformt allmählich irgendeine bildliche Gestalt hat, mag es auch keine Existenz haben.«

(16) Jetzt komme ich auf das zurück, was ich Dir versprochen habe, wie Platon alles, was ist, in sechs Arten[18] einteilt. Jenes erste ›quod est‹ (was ist) wird weder durch Sehen noch Berührung noch irgendeine Sinneswahrnehmung erfaßt: es ist nur denkbar. Was als allgemeiner Begriff existiert, wie der Mensch im allgemeinen, kommt nicht unter die Augen: aber das Individuum kommt unter die Augen, wie Cicero und Cato. Den Begriff Tier kann man nicht sehen: man kann ihn nur denken. Man kann aber eine seiner Arten sehen: Pferd und Hund.

(17) Als zweites von dem, was es gibt, setzt Platon das an, was alles überragt und übertrifft; er sagt, daß dies vorzugsweise Sein habe. Der Begriff Dichter wird in gewöhnlichem Sinn gebraucht (denn alle, die Verse machen, haben diesen Namen), aber schon bei den Griechen wurde er zum Kennzeichen für einen einzigen: man soll an Homer denken, wenn man den Begriff Dichter hört. Was also ist dies zweite? Selbstverständlich Gott, größer und mächtiger als alle.

(18) Die dritte Gattung ist die der Dinge, die im eigentlichen Sinn sind; diese sind unzählig, aber außerhalb unseres Blickfeldes gelegen. Welche das sind, fragst Du? Es ist das geistige Eigentum von Platon: er nennt ›Ideen‹, woraus alles, was auch immer wir sehen, entsteht und nach denen alles gestaltet wird. Diese sind unsterblich, unveränderlich, unverletzlich.

(19) Was eine Idee ist, das heißt was sie Platon zu sein scheint, höre: »Die Idee ist von dem, was in der Natur entsteht, das ewige Urbild.« Ich will der Definition eine Erklärung anfügen, damit der Sachverhalt Dir dadurch klarer wird. Ich will

Volo imaginem tuam facere. Exemplar picturae te habeo, ex quo capit aliquem habitum mens nostra quem operi suo inponat; ita illa quae me docet et instruit facies, a qua petitur imitatio, idea est. Talia ergo exemplaria infinita habet rerum natura, hominum, piscium, arborum, ad quae quodcumque fieri ab illa debet exprimitur.

(20) Quartum locum habebit idos. Quid sit hoc idos adtendas oportet, et Platoni inputes, non mihi, hanc rerum difficultatem; nulla est autem sine difficultate subtilitas. Paulo ante pictoris imagine utebar. Ille cum reddere Vergilium coloribus vellet, ipsum intuebatur. Idea erat Vergilii facies, futuri operis exemplar; ex hac quod artifex trahit et operi suo inposuit idos est. (21) Quid intersit quaeris? Alterum exemplar est, alterum forma ab exemplari sumpta et operi inposita; alteram artifex imitatur, alteram facit. Habet aliquam faciem statua: haec est idos. Habet aliquam faciem exemplar ipsum quod intuens opifex statuam figuravit: haec idea est. Etiamnunc si aliam desideras distinctionem, idos in opere est, idea extra opus, nec tantum extra opus est, sed ante opus.

(22) Quintum genus est eorum quae communiter sunt; haec incipiunt ad nos pertinere; hic sunt omnia, homines, pecora, res.

Sextum genus ⟨est⟩ eorum quae quasi sunt, tamquam inane, tamquam tempus.

Quaecumque videmus aut tangimus Plato in illis non numerat quae esse proprie putat; fluunt enim et in adsidua deminu-

ein Bild von Dir malen. Als Urbild für das Gemälde habe ich Dich, von dem mein Sinn irgendein beliebiges Verhalten nimmt, das er auf sein Werk überträgt; so ist das Aussehen, das mich belehrt und anleitet, von dem die Nachbildung entnommen wird, die Idee. Solche Urbilder hat folglich die Natur in unbegrenzter Zahl, von Menschen, Fischen, Bäumen, nach denen alles, was von ihr geschaffen werden muß, gestaltet wird.

(20) Die vierte Stelle nimmt die Gestalt (εἶδος) ein. Was diese Gestalt ist, das mußt Du genau beachten und Platon, nicht mir, diese Schwierigkeit mit den Begriffen anrechnen; aber keine scharfsinnige Untersuchung ist ohne Schwierigkeit. Weiter oben habe ich den Vergleich mit dem Maler verwandt. Wenn er Vergil mit Farben darstellen wollte, betrachtete er ihn selbst. Die Idee war das Aussehen Vergils, das Vorbild für das entstehende Werk; was der Künstler daraus nimmt und auf sein Werk übertragen hat, ist die Gestalt (εἶδος).

(21) Welcher Unterschied bestehe, fragst Du? Das eine ist das Urbild, das andere eine Form, die vom Urbild genommen und auf das Werk übertragen ist; die eine bildet der Künstler nach, die andere gestaltet er. Eine Statue hat ein bestimmtes Aussehen: das ist ihre Gestalt (εἶδος). Das Urbild selbst, nach dem der Künstler die Statue geschaffen hat, indem er es betrachtet, hat ein bestimmtes Aussehen: das ist die Idee (ἰδέα). Wenn Du jetzt noch eine andere Unterscheidung wünschst, so ist die Gestalt (εἶδος) im Werk, die Idee (ἰδέα) außerhalb des Werkes, und sie ist nicht nur außerhalb des Werkes, sondern vor dem Werk.

(22) Die fünfte Gattung ist die der Dinge, die im gewöhnlichen Sinn existieren; diese beginnen uns zu betreffen; hierher gehört alles, Menschen, Vieh, Dinge.

Die sechste Gattung ist die der Dinge, die gleichsam sind, wie der leere Raum, wie die Zeit.

Alles, was wir sehen oder berühren, zählt Platon nicht zu dem, was nach seiner Ansicht im eigentlichen Sinn ist; es fließt[19] nämlich und befindet sich in beständiger Verkleine-

tione atque adiectione sunt. Nemo nostrum idem est in senectute qui fuit iuvenis; nemo nostrum est idem mane qui fuit pridie. Corpora nostra rapiuntur fluminum more. Quidquid vides currit cum tempore; nihil ex iis quae videmus manet; ego ipse, dum loquor mutari ista, mutatus sum. (23) Hoc est quod ait Heraclitus: 'in idem flumen bis descendimus et non descendimus'. Manet enim idem fluminis nomen, aqua transmissa est. Hoc in amne manifestius est quam in homine; sed nos quoque non minus velox cursus praetervehit, et ideo admiror dementiam nostram, quod tantopere amamus rem fugacissimam, corpus, timemusque ne quando moriamur, cum omne momentum mors prioris habitus sit: vis tu non timere ne semel fiat quod cotidie fit! (24) De homine dixi, fluvida materia et caduca et omnibus obnoxia causis: mundus quoque, aeterna res et invicta, mutatur nec idem manet. Quamvis enim omnia in se habeat quae habuit, aliter habet quam habuit: ordinem mutat.

(25) 'Quid ista' inquis 'mihi subtilitas proderit?' Si me interrogas, nihil; sed quemadmodum ille caelator oculos diu intentos ac fatigatos remittit atque avocat et, ut dici solet, pascit, sic nos animum aliquando debemus relaxare et quibusdam oblectamentis reficere. Sed ipsa oblectamenta opera sint; ex his quoque, si observaveris, sumes quod possit fieri salutare. (26) Hoc ego, Lucili, facere soleo: ex omni notione, etiam si a philosophia longissime aversa est, eruere aliquid conor et utile efficere. Quid istis quae modo tractavimus remotius a

rung und Vergrößerung. Niemand von uns ist im Alter derselbe wie als junger Mann; niemand von uns ist am folgenden Tag derselbe wie am Tag zuvor. Unsere Körper verändern sich in ihrer Entwicklung wie Flüsse. Alles, was Du siehst, eilt weiter gemeinsam mit der Zeit; nichts von dem, was wir sehen, bleibt; ich selbst unterliege, während ich davon spreche, daß sich dies verändert, der Veränderung. (23) Dies ist es, was Heraklit[20] sagt: »In denselben Fluß steigen wir zweimal und steigen doch nicht in denselben.« Es bleibt nämlich der Name des Flusses derselbe, das Wasser ist vorbeigeflossen. Dies ist beim Fluß augenscheinlicher als beim Menschen; aber auch uns treibt ein nicht weniger rascher Lauf voran, und deshalb bin ich verwundert über unseren Wahnsinn, daß wir so sehr die flüchtigste Sache lieben, den Körper, und fürchten, daß wir einmal sterben, während doch jeder Augenblick der Tod[21] des vorigen Zustands ist: Du darfst keinesfalls fürchten, daß ein einziges Mal geschieht, was täglich geschieht. (24) Ich habe über den Menschen gesprochen, einen vergänglichen Stoff, hinfällig und allen widrigen Einflüssen ausgesetzt: auch die Welt, etwas Ewiges und Unüberwindliches, verändert sich und bleibt nicht dieselbe. Mag sie nämlich auch alles in sich haben, was sie gehabt hat, so hat sie es in anderer Weise, als sie es gehabt hat: sie ändert die Anordnung.

(25) »Was wird«, sagst Du, »diese scharfsinnige Untersuchung mir nützen?«[22] Wenn Du mich fragst, nichts; aber wie ein Goldschmied die Augen, die lange angespannt waren und ermüdet sind, sich erholen läßt und ablenkt und, wie man gewöhnlich sagt, weiden läßt, so müssen wir irgendwann unseren Geist entspannen und bei manchen Ergötzungen sich erholen lassen. Aber gerade Ergötzungen sollen einen Wert haben; auch aus diesen wirst Du, wenn Du aufmerksam bist, etwas nehmen, was heilsam werden kann. (26) So verhalte ich mich, mein Lucilius: aus jeder geistigen Beschäftigung, auch wenn sie von der Philosophie[23] sehr weit entfernt ist, versuche ich etwas aufzustöbern und nutzbar zu machen. Was ist

reformatione morum? quomodo meliorem me facere ideae Platonicae possunt? quid ex istis traham quod cupiditates meas conprimat? Vel hoc ipsum, quod omnia ista quae sensibus serviunt, quae nos accendunt et inritant, negat Plato ex iis esse quae vere sint. (27) Ergo ista imaginaria sunt et ad tempus aliquam faciem ferunt, nihil horum stabile nec solidum est; et nos tamen cupimus tamquam aut semper futura aut semper habituri. Inbecilli fluvidique inter vana constitimus: ad illa mittamus animum quae aeterna sunt. Miremur in sublimi volitantes rerum omnium formas deumque inter illa versantem et hoc providentem, quemadmodum quae inmortalia facere non potuit, quia materia prohibebat, defendat a morte ac ratione vitium corporis vincat. (28) Manent enim cuncta, non quia aeterna sunt, sed quia defenduntur cura regentis: inmortalia tutore non egerent. Haec conservat artifex fragilitatem materiae vi sua vincens. Contemnamus omnia quae adeo pretiosa non sunt ut an sint omnino dubium sit.

(29) Illud simul cogitemus, si mundum ipsum, non minus mortalem quam nos sumus, providentia periculis eximit, posse aliquatenus nostra quoque providentia longiorem prorogari huic corpusculo moram, si voluptates, quibus pars maior perit, potuerimus regere et coercere. (30) Plato ipse ad senectutem se diligentia protulit. Erat quidem corpus validum ac forte sortitus et illi nomen latitudo pectoris fecerat, sed navigationes ac pericula multum detraxerant viribus; parsimonia tamen et eorum quae aviditatem evocant modus et

weiter entfernt von der Vervollkommnung des Charakters als das, was wir gerade behandelt haben? Wie können mich die platonischen Ideen zu einem besseren Menschen machen? Was könnte ich aus ihnen entnehmen, was meine Begierden unterdrücken könnte? Doch wenigstens gerade dies, daß all das, was den Sinnen dient, was uns entflammt und reizt, nach Platons Ansicht nicht zu dem gehört, was wirklich existiert. (27) Also ist dies nur eingebildet und trägt eine Zeitlang ein bestimmtes Aussehen, nichts davon ist beständig oder fest; und trotzdem wünschen wir es, als ob es entweder immer existieren wird oder wir es für immer besitzen können. Schwach und vergänglich stehen wir unter Nichtigem: laß uns unseren Sinn auf das richten, was ewig ist. Laß uns die in der Höhe schwebenden Urgestalten aller Dinge bewundern und den Gott, der sich unter ihnen aufhält und sich darum sorgt, wie er das, was er nicht unsterblich machen konnte, weil die Materie es verhinderte, gegen den Tod verteidige und mit Vernunft die Schwäche des Körpers überwinde. (28) Es bleibt nämlich alles erhalten, nicht weil es ewig ist, sondern weil es verteidigt wird durch die Fürsorge des Weltenlenkers: Unsterbliches bedürfte keines Schützers. Dies bewahrt der Meister, indem er die Zerbrechlichkeit der Materie durch seine Kraft überwindet. Laß uns alles verachten, was so wenig wertvoll ist, daß zweifelhaft ist, ob es überhaupt existiert.

(29) Zugleich wollen wir folgendes bedenken: wenn die Vorsorge die Welt selbst – nicht weniger sterblich als wir es sind – Gefahren entzieht, kann auch durch unsere Vorsorge bis zu einem gewissen Grad diesem Körperchen eine längere Lebensdauer verschafft werden, wenn wir die Begierden, durch die ein ziemlich großer Teil untergeht, lenken und in Schranken halten können. (30) Platon selbst brachte es durch gewissenhafte Lebensweise zu hohem Alter. Er hatte zwar von Natur aus einen gesunden und kräftigen Körper erhalten und die Breite seiner Brust hatte ihm seinen Namen[24] verliehen, aber Seereisen und Gefahren[25] hatten seine Kräfte sehr mitgenommen; doch Genügsamkeit, Maßhalten in dem, was

diligens sui tutela perduxit illum ad senectutem multis prohibentibus causis. (31) Nam hoc scis, puto, Platoni diligentiae suae beneficio contigisse quod natali suo decessit et annum unum atque octogensimum implevit sine ulla deductione. Ideo magi, qui forte Athenis erant, immolaverunt defuncto, amplioris fuisse sortis quam humanae rati, quia consummasset perfectissimum numerum, quem novem novies multiplicata componunt. Non dubito quin paratus sis et paucos dies ex ista summa et sacrificium remittere. (32) Potest frugalitas producere senectutem, quam ut non puto concupiscendam, ita ne recusandam quidem; iucundum est secum esse quam diutissime, cum quis se dignum quo frueretur effecit.

Itaque de isto feremus sententiam, an oporteat fastidire senectutis extrema et finem non opperiri sed manu facere. Prope est a timente qui fatum segnis expectat, sicut ille ultra modum deditus vino est qui amphoram exsiccat et faecem quoque exsorbet. (33) De hoc tamen quaeremus, pars summa vitae utrum faex sit an liquidissimum ac purissimum quiddam, si modo mens sine iniuria est et integri sensus animum iuvant nec defectum et praemortuum corpus est; plurimum enim refert, vitam aliquis extendat an mortem. (34) At si inutile ministeriis corpus est, quidni oporteat educere animum laborantem? et fortasse paulo ante quam debet faciendum est, ne cum fieri debebit facere non possis; et cum maius periculum sit male vivendi quam cito moriendi, stultus est qui non

Gier hervorruft, sowie sorgfältige Fürsorge für sich selbst brachten ihn zu hohem Alter, obwohl viele widrige Einflüsse hinderlich waren. (31) Denn Du weißt, glaube ich, daß es Platon aufgrund seiner gewissenhaften Lebensweise gelungen ist, an seinem Geburtstag zu sterben und 81 Jahre zu erfüllen ohne jeden Abzug. Deshalb opferten Magier[26], die zufällig in Athen waren, dem Verstorbenen, weil sie glaubten, ihm sei eine reichlichere Lebenszeit, als es für einen Menschen üblich ist, vom Schicksal zugeteilt worden, weil er die vollkommenste Zahl genau vollendet habe, nämlich neun mal neun. Ich zweifle nicht, daß Du bereit bist, auf wenige Tage von dieser Gesamtzahl und auch auf das Opfer zu verzichten. (32) Es kann eine einfache Lebensführung das Alter verlängern, das man meiner Ansicht nach zwar nicht herbeiwünschen, aber auch nicht zurückweisen darf; es ist angenehm, so lange wie möglich mit sich zusammenzusein, sobald man durch sich selbst würdig geworden ist, sich selbst zu genießen.

Deshalb werden wir uns darüber äußern, ob es richtig ist, Widerwillen vor der letzten Phase des Alters zu empfinden und das Ende nicht abzuwarten, sondern mit eigener Hand herbeizuführen. Nahe einem, der sich fürchtet, kommt, wer sein Schicksal träge erwartet, so wie über das Maß dem Wein ergeben ist, wer einen Krug bis zum letzten Tropfen leert und auch die Hefe mit dem Bodensatz ausschlürft. (33) Trotzdem wollen wir darüber eine Untersuchung aufnehmen, ob der letzte Teil des Lebens nur Bodensatz ist oder etwas ganz Klares und Reines, wenn nur der Verstand ohne Beeinträchtigung arbeitet, unversehrt die Sinne dem Geist helfen und der Körper nicht geschwächt und fast schon tot ist; es kommt nämlich sehr viel darauf an, ob jemand sein Leben verlängert oder den Tod. (34) Aber wenn der Körper unnütz für seine Dienste ist, warum sollte man nicht die Seele, die sich nur quält, herausführen dürfen? Und vielleicht muß man das ein wenig, bevor es sein muß, tun, damit man nicht, wenn es geschehen muß, nicht mehr dazu imstande ist; und wenn die Gefahr größer ist, schlecht zu leben als schnell zu sterben,

exigua temporis mercede magnae rei aleam redimit. Paucos longissima senectus ad mortem sine iniuria pertulit, multis iners vita sine usu sui iacuit: quanto deinde crudelius iudicas aliquid ex vita perdidisse quam ius finiendae? (35) Noli me invitus audire, tamquam ad te iam pertineat ista sententia, et quid dicam aestima: non relinquam senectutem, si me totum mihi reservabit, totum autem ab illa parte meliore; at si coeperit concutere mentem, si partes eius convellere, si mihi non vitam reliquerit sed animam, prosiliam ex aedificio putri ac ruenti. (36) Morbum morte non fugiam, dumtaxat sanabilem nec officientem animo. Non adferam mihi manus propter dolorem: sic mori vinci est. Hunc tamen si sciero perpetuo mihi esse patiendum, exibo, non propter ipsum, sed quia inpedimento mihi futurus est ad omne propter quod vivitur; inbecillus est et ignavus qui propter dolorem moritur, stultus qui doloris causa vivit.

(37) Sed in longum exeo; est praeterea materia quae ducere diem possit: et quomodo finem inponere vitae poterit qui epistulae non potest? Vale ergo: quod libentius quam mortes meras lecturus es. Vale.

ist töricht, wer nicht für einen geringen Preis an Zeit auf gut Glück eine große Sache einhandelt. Nur wenige hat ein sehr langes Alter ohne Beeinträchtigung bis zum Tod gelangen lassen, für viele lag das Leben untätig ohne Nutzen für die eigene Person da; hältst Du es dann für so viel grausamer, ein bißchen vom Leben hingegeben zu haben als das Recht, es zu beenden? (35) Höre mich nicht widerwillig an, als ob diese Ansicht für Dich schon etwas besage, und schätze richtig ein, was ich sage: ich will das Alter nicht hinter mir lassen, wenn es mich ganz für mich bewahrt, ganz jedoch in diesem besseren Teil;[27] aber wenn es den Verstand zu erschüttern beginnt, wenn es Teile von ihm zu zerstören beginnt, wenn es mir nicht das Leben, sondern nur noch Lebenshauch zurückläßt, werde ich aus dem morschen und einstürzenden Gebäude springen. (36) Vor einer Krankheit werde ich durch den Tod nicht fliehen, wenigstens wenn sie heilbar ist und den Geist nicht beeinträchtigt. Ich werde nicht Hand an mich legen wegen eines Schmerzes: so zu sterben heißt, sich besiegen zu lassen. Wenn ich jedoch weiß, daß ich diesen Schmerz ununterbrochen erdulden muß, werde ich abtreten, nicht wegen des Schmerzes an sich, sondern weil er mir hinderlich sein wird für alles, weswegen man lebt; schwach und feige ist, wer wegen des Schmerzes stirbt, töricht, wer um des Schmerzes willen lebt.

(37) Doch ich werde weitschweifig; es ist außerdem ein Thema, bei dem man einen Tag verbringen kann: und wie wird seinem Leben ein Ende machen können, wer es bei einem Brief nicht kann? Leb also wohl: dies wirst Du lieber lesen als Erörterungen über Tod und nichts als Tod. Leb wohl!

Epistula LIX

Seneca Lucilio suo salutem

(1) Magnam ex epistula tua percepi voluptatem; permitte enim mihi uti verbis publicis nec illa ad significationem Stoicam revoca. Vitium esse voluptatem credimus. Sit sane; ponere tamen illam solemus ad demonstrandam animi hilarem adfectionem. (2) Scio, inquam, et voluptatem, si ad nostrum album verba derigimus, rem infamem esse et gaudium nisi sapienti non contingere; est enim animi elatio suis bonis verisque fidentis. Vulgo tamen sic loquimur ut dicamus magnum gaudium nos ex illius consulatu aut nuptiis aut ex partu uxoris percepisse, quae adeo non sunt gaudia ut saepe initia futurae tristitiae sint; gaudio autem iunctum est non desinere nec in contrarium verti. (3) Itaque cum dicit Vergilius noster

et mala mentis
gaudia,

diserte quidem dicit, sed parum proprie; nullum enim malum gaudium est. Voluptatibus hoc nomen inposuit et quod voluit expressit; significavit enim homines malo suo laetos. (4) Tamen ego non inmerito dixeram cepisse me magnam ex epistula tua voluptatem; quamvis enim ex honesta causa inperitus homo gaudeat, tamen adfectum eius inpotentem et in diversum statim inclinaturum voluptatem voco, opinione falsi boni motam, inmoderatam et inmodicam.

59. Brief

Seneca grüßt seinen Lucilius

(1) Dein Brief hat mir großes Vergnügen[1] bereitet; erlaube mir nämlich, Worte in der üblichen Bedeutung anzuwenden und beziehe sie nicht auf ihre Bedeutung bei den Stoikern. Eine Fehlhaltung sei das Vergnügen, glauben wir. Mag es das meinetwegen sein; trotzdem verwenden wir das Wort gewöhnlich, um eine heitere Gemütsstimmung zu bezeichnen. (2) Ich weiß, sage ich, daß einerseits das Vergnügen, wenn wir die Worte nach unserer Verordnung[2] ausrichten, eine verwerfliche Sache ist und andererseits Freude nur dem Weisen zuteil wird; sie ist nämlich die Erhebung der Seele, die auf ihre Güter und Wahrheiten vertraut. Im Alltagsleben sprechen wir dennoch so, daß wir sagen, große Freude habe uns das Konsulat eines bestimmten Mannes, eine Hochzeit oder die Niederkunft der Ehefrau bereitet, Ereignisse, die nicht so sehr freudig sind, sondern oft der Ausgangspunkt künftiger Betrübnis; mit Freude aber ist verbunden, daß sie nicht aufhört und sich nicht ins Gegenteil verkehrt. (3) Wenn daher unser Vergil[3] sagt:

und schlimme Freuden des Herzens,

formuliert er zwar gewandt, aber zu wenig im eigentlichen Sinn; denn nichts Schlimmes ist eine Freude. Für Vergnügen hat er diese Bezeichnung verwendet und ausgedrückt, was er wollte; er hat nämlich Menschen gekennzeichnet, die über ihr eigenes Leid fröhlich sind. (4) Dennoch hatte ich nicht zu Unrecht gesagt, daß Dein Brief mir großes Vergnügen bereitet hat; mag sich nämlich ein unerfahrener Mensch aus einem noch so ehrenwerten Grund freuen, so nenne ich dennoch seine Stimmung, weil sie ihrer selbst nicht mächtig ist und sofort ins Gegenteil umschlagen kann, ein Vergnügen, hervorgerufen durch die Vorstellung eines trügerischen Gutes, übertrieben und maßlos.

Sed ut ad propositum revertar, audi quid me in epistula tua delectaverit: habes verba in potestate, non effert te oratio nec longius quam destinasti trahit. (5) Multi sunt qui ad id quod non proposuerant scribere alicuius verbi placentis decore vocentur, quod tibi non evenit: pressa sunt omnia et rei aptata; loqueris quantum vis et plus significas quam loqueris. Hoc maioris rei indicium est: apparet animum quoque nihil habere supervacui, nihil tumidi. (6) Invenio tamen translationes verborum ut non temerarias ita quae periculum sui fecerint; invenio imagines, quibus si quis nos uti vetat et poetis illas solis iudicat esse concessas, neminem mihi videtur ex antiquis legisse, apud quos nondum captabatur plausibilis oratio: illi, qui simpliciter et demonstrandae rei causa eloquebantur, parabolis referti sunt, quas existimo necessarias, non ex eadem causa qua poetis, sed ut inbecillitatis nostrae adminicula sint, ut et dicentem et audientem in rem praesentem adducant.

(7) Sextium ecce cum maxime lego, virum acrem, Graecis verbis, Romanis moribus philosophantem. Movit me imago ab illo posita: ire quadrato agmine exercitum, ubi hostis ab omni parte suspectus est, pugnae paratum. 'Idem' inquit 'sapiens facere debet: omnis virtutes suas undique expandat, ut ubicumque infesti aliquid orietur, illic parata praesidia sint et ad nutum regentis sine tumultu respondeant.' Quod in exercitibus iis quos imperatores magni ordinant fieri videmus, ut imperium ducis simul omnes copiae sentiant, sic dispositae ut signum ab uno datum peditem simul equitemque percurrat, hoc aliquanto magis necessarium esse nobis

Aber um zum Thema zurückzukehren, höre, was mich in Deinem Brief erfreut hat: Du hast die Worte in der Gewalt, die Rede reißt Dich nicht fort und führt Dich nicht weiter, als Du festgesetzt hast. (5) Es gibt viele, die zu dem, was sie sich zu schreiben gar nicht vorgenommen hatten, durch den Glanz irgendeines gefälligen Wortes verleitet werden; das ist Dir nicht passiert; Du sprichst aus, so viel Du willst, und deutest mehr an, als Du aussprichst. Das ist das Anzeichen für etwas Bedeutenderes: es wird deutlich, daß auch Dein Geist nichts Überflüssiges, nichts Geschwollenes hat. (6) Allerdings finde ich Metaphern, die zwar nicht leichtfertig, aber doch gewagt sind; ich finde Bilder: wenn jemand uns verbietet, diese zu verwenden, und urteilt, sie seien nur Dichtern gestattet, scheint er mir niemand von den Alten gelesen zu haben, bei denen eine beifallswürdige Vortragsweise noch nicht eifrig gesucht wurde: die, die schlicht und nur zur Darlegung der Sachlage sprachen, sind von Gleichnissen gedrängt voll, die ich für notwendig halte, nicht aus demselben Grund wie bei Dichtern, sondern damit sie Stützen für unsere Schwäche sind, damit sie sowohl den Sprechenden als auch den Hörenden augenblicklich in die Sachlage einführen.

(7) Sieh, ich lese jetzt gerade den Sextius[4], einen scharfsinnigen Autor, der in griechischer Sprache, aber mit römischer Gesinnung philosophiert. Berührt hat mich ein Bild, das von ihm angewendet worden ist: in Schlachtordnung marschiere ein Heer, sobald man einen Überfall des Feindes auf jeder Seite argwöhnt, für den Kampf bereit. »Dasselbe«, sagt er, »muß der Weise tun: er soll alle seine Tugenden nach allen Seiten ausbreiten, damit überall, wo etwas Feindliches sich erheben wird, dort Abwehrkraft bereit ist und auf einen Wink des Herrschers ohne Durcheinander zur Verfügung steht.« Was in Heeren, die große Feldherren lenken, geschieht, wie wir sehen können, daß nämlich einen Befehl des Anführers zugleich alle Truppen wahrnehmen, weil sie so aufgestellt sind, daß ein Zeichen, das von einem gegeben worden ist, zugleich zu Fußsoldat und Reiter hindurchläuft, dies

ait. (8) Illi enim saepe hostem timuere sine causa, tutissimumque illis iter quod suspectissimum fuit: nihil stultitia pacatum habet; tam superne illi metus est quam infra; utrumque trepidat latus; sequuntur pericula et occurrunt; ad omnia pavet, inparata est et ipsis terretur auxiliis. Sapiens autem, ad omnem incursum munitus, intentus, non si paupertas, non si luctus, non si ignominia, non si dolor impetum faciat, pedem referet: interritus et contra illa ibit et inter illa. (9) Nos multa alligant, multa debilitant. Diu in istis vitiis iacuimus, elui difficile est; non enim inquinati sumus sed infecti.

Ne ab alia imagine ad aliam transeamus, hoc quaeram quod saepe mecum dispicio, quid ita nos stultitia tam pertinaciter teneat? Primo quia non fortiter illam repellimus nec toto ad salutem impetu nitimur, deinde quia illa quae a sapientibus viris reperta sunt non satis credimus nec apertis pectoribus haurimus leviterque tam magnae rei insistimus. (10) Quemadmodum autem potest aliquis quantum satis sit adversus vitia discere, qui quantum a vitiis vacat discit? Nemo nostrum in altum descendit; summa tantum decerpsimus et exiguum temporis inpendisse philosophiae satis abundeque occupatis fuit. (11) Illud praecipue inpedit, quod cito nobis placemus; si invenimus qui nos bonos viros dicat, qui prudentes, qui sanctos, adgnoscimus. Non sumus modica laudatione contenti: quidquid in nos adulatio sine pudore congessit tamquam debitum prendimus. Optimos nos esse, sapientissimos adfirmantibus adsentimur, cum sciamus illos saepe multa mentiri;

sei bedeutend notwendiger für uns, sagt Sextius. (8) Jene haben nämlich oft den Feind gefürchtet ohne Grund, und am sichersten war für sie der Weg, der am verdächtigsten war[5]: die Torheit kennt keinen Frieden; oben hat sie ebenso Furcht wie unten; rechts und links zittert sie; es folgen Gefahren und kommen entgegen; bei allem ängstigt sie sich, sie ist unvorbereitet und erschrickt selbst vor Hilfen. Der Weise aber, gegen jeden Ansturm gesichert, voll Anspannung, wird nicht wenn Armut, nicht wenn Trauer, nicht wenn Schande, nicht wenn Schmerz einen Angriff vortragen, zurückweichen: unerschrocken wird er ihnen entgegen und mitten unter sie treten. (9) Uns fesselt vieles, schwächt vieles. Lange haben wir uns in diesen Fehlern befunden, uns zu reinigen ist schwierig; wir sind nämlich nicht beschmutzt, sondern vergiftet.

Um nicht von einem Bild zum anderen überzugehen, will ich das untersuchen, was ich oft bei mir erwäge, inwiefern uns die Torheit so hartnäckig festhält. Erstens weil wir sie nicht entschlossen zurückstoßen und nicht mit ganzem Einsatz auf unsere Rettung hinarbeiten, zweitens weil wir das, was von weisen Männern gefunden worden ist, nicht hinreichend glauben und nicht mit offenem Herzen in uns aufnehmen und nur flüchtig bei einer so wichtigen Angelegenheit verharren. (10) Auf welche Weise aber kann einer so viel lernen, daß es gegen die Fehler hinreichend ist, wer nur lernt, soweit er von Fehlern frei ist? Niemand von uns ist in die Tiefe der Weisheit eingedrungen; wir haben nur das oberste abgepflückt, und ein klein bißchen Zeit für die Philosophie verwendet zu haben, war genug und mehr als genug für vielbeschäftigte Leute. (11) In besonderem Maße ist hinderlich, daß wir schnell mit uns zufrieden sind; wenn wir einen finden, der uns als gut bezeichnet, als klug, als verehrungswürdig, dann lassen wir es gelten. Nicht mit maßvollem Lob sind wir zufrieden; alles, was auf uns Schmeichelei ohne Scham gehäuft hat, nehmen wir an, als ob man es uns schuldete. Daß wir besonders gut seien, äußerst weise, darin stimmen wir denen zu, die es versichern, obwohl wir wissen, daß diese oft

adeoque indulgemus nobis ut laudari velimus in id cui contraria cum maxime facimus. Mitissimum ille se in ipsis suppliciis audit, in rapinis liberalissimum et in ebrietatibus ac libidinibus temperantissimum; sequitur itaque ut ideo mutari nolimus quia nos optimos esse credidimus. (12) Alexander cum iam in India vagaretur et gentes ne finitimis quidem satis notas bello vastaret, in obsidione cuiusdam urbis, ⟨dum⟩ circumit muros et inbecillissima moenium quaerit, sagitta ictus diu persedere et incepta agere perseveravit. Deinde cum represso sanguine sicci vulneris dolor cresceret et crus suspensum equo paulatim obtorpuisset, coactus absistere 'omnes' inquit 'iurant esse me Iovis filium, sed vulnus hoc hominem esse me clamat'. (13) Idem nos faciamus. Pro sua quemque portione adulatio infatuat: dicamus, 'vos quidem dicitis me prudentem esse, ego autem video quam multa inutilia concupiscam, nocitura optem. Ne hoc quidem intellego quod animalibus satietas monstrat, quis cibo debeat esse, quis potioni modus; quantum capiam adhuc nescio.'

(14) Iam docebo quemadmodum intellegas te non esse sapientem. Sapiens ille plenus est gaudio, hilaris et placidus, inconcussus; cum dis ex pari vivit. Nunc ipse te consule: si numquam maestus es, ⟨si⟩ nulla spes animum tuum futuri expectatione sollicitat, si per dies noctesque par et aequalis animi tenor erecti et placentis sibi est, pervenisti ad humani boni summam; sed si appetis voluptates et undique et omnes, scito

und viel lügen; und wir sind in so hohem Maß nachsichtig gegen uns, daß wir für Dinge gelobt werden wollen, deren genaues Gegenteil wir gerade jetzt tun. Jener hört, er sei gerade bei Hinrichtungen besonders mild, bei Räubereien äußerst freigebig und bei Trunkenheit und Begierden außerordentlich maßvoll; es folgt also, daß wir uns deshalb nicht ändern wollen, weil wir zum Glauben gelangt sind, besonders gut zu sein. (12) Als Alexander schon durch Indien zog und Stämme, die nicht einmal den Nachbarn ausreichend bekannt waren, im Krieg verheerte, wurde er bei der Belagerung einer Stadt, während er um die Mauern herumritt und die schwächste Stelle der Befestigung suchte, von einem Pfeil getroffen; trotzdem blieb er beharrlich auf seinem Pferd sitzen und trieb beständig sein Vorhaben voran. Dann wurde, als das Blut geronnen war, der Schmerz in der getrockneten Wunde stärker und der Unterschenkel war, weil er vom Pferd herabhing, allmählich gefühllos geworden; da war er gezwungen abzusteigen und sagte dabei: »Alle schwören, ich sei ein Sohn des Iupiter, aber diese Wunde schreit es heraus, daß ich ein Mensch bin.« (13) Dasselbe wollen wir tun. Einen jeden betört die Eitelkeit für sein Teil; doch wir wollen sagen: »Ihr sagt zwar, ich sei klug, ich aber sehe, wieviel Unnützes ich dringend begehre, Dinge wünsche, die schaden werden. Nicht einmal das erkenne ich, was Tieren ihre Sättigung anzeigt, welches Maß für Speise, welches für Trank sein muß; wieviel ich fassen kann, weiß ich bis jetzt nicht.«

(14) Gleich werde ich darlegen, auf welche Weise Du erkennen kannst, daß Du nicht weise bist. Der Weise[6] ist voll Freude, heiter und friedlich, unerschüttert; den Göttern gleich lebt er. Jetzt frage Dich selbst: wenn Du niemals traurig bist, wenn keine Hoffnung Deine Seele durch Erwartung von Zukünftigem beunruhigt, wenn Tag und Nacht hindurch völlig gleichmäßig Deine gehobene und mit sich zufriedene Seelenhaltung bleibt, bist Du zum Gipfel menschlicher Vollkommenheit gelangt; aber wenn Du nach Vergnügungen trachtest, überall und nach allen Arten, so wisse, daß Dir

tantum tibi ex sapientia quantum ex gaudio deesse. Ad hoc cupis pervenire, sed erras, qui inter divitias illuc venturum esse te speras, inter honores, id est gaudium inter sollicitudines quaeris: ista, quae sic petis tamquam datura laetitiam ac voluptatem, causae dolorum sunt. (15) Omnes, inquam, illo tendunt ad gaudium, sed unde stabile magnumque consequantur ignorant: ille ex conviviis et luxuria, ille ex ambitione et circumfusa clientium turba, ille ex amica, alius ex studiorum liberalium vana ostentatione et nihil sanantibus litteris – omnes istos oblectamenta fallacia et brevia decipiunt, sicut ebrietas, quae unius horae hilarem insaniam longi temporis taedio pensat, sicut plausus et adclamationis secundae favor, qui magna sollicitudine et partus est et expiandus. (16) Hoc ergo cogita, hunc esse sapientiae effectum, gaudii aequalitatem. Talis est sapientis animus qualis mundus super lunam: semper illic serenum est. Habes ergo et quare velis sapiens esse, si numquam sine gaudio est. Gaudium hoc non nascitur nisi ex virtutum conscientia: non potest gaudere nisi fortis, nisi iustus, nisi temperans. (17) ‘Quid ergo’ inquis, ‘stulti ac mali non gaudent?’ Non magis quam praedam nancti leones: cum fatigaverunt se vino ac libidinibus, cum illos nox inter vitia defecit, cum voluptates angusto corpori ultra quam capiebat ingestae suppurare coeperunt, tunc exclamant miseri Vergilianum illum versum:

namque ut supremam falsa inter gaudia noctem
egerimus nosti.

ebensoviel von der Weisheit wie von der Freude fehlt. Dahin wünschst Du zu gelangen, aber Du irrst, wenn Du mitten im Reichtum dorthin zu kommen hoffst, mitten in Ehrenämtern, d. h. wenn Du Freude mitten in Beunruhigungen suchst; das, was Du so anstrebst, als ob es Fröhlichkeit und Vergnügen bringen würde, ist die Ursache von Schmerzen. (15) Alle, sage ich, streben hin zur Freude, aber wo sie dauerhafte und große Freude erreichen können, wissen sie nicht: der eine bei Gelagen und Verschwendung, der andere bei Ehrgeiz und einer Schar von Klienten, die ihn umgibt, einer bei seiner Geliebten, ein anderer bei eitler Prahlerei mit freien Wissenschaften und bei Literatur, die keine Ruhe bringt – alle diese lassen sich durch trügerische und kurze Ergötzungen täuschen, wie z. B. Trunkenheit, die die heitere Tollheit einer Stunde mit lange währendem Ekel aufwiegt, wie Beifall und Anerkennung durch wohlwollenden Zuruf, was mit großer Beunruhigung sowohl errungen ist als auch gebüßt werden muß. (16) Das also bedenke, daß die Wirkung der Weisheit dies ist: das Gleichmaß der Freude. Das Gemüt eines Weisen ist so wie das Weltall oberhalb des Mondes: immer ist es dort heiter. Du hast also sogar einen Grund, weise sein zu wollen, wenn der Weise niemals ohne Freude ist. Diese Freude erwächst nur aus dem Bewußtsein der Tugenden: er kann sich nur freuen, wenn er tapfer, wenn er gerecht, wenn er maßvoll ist. (17) »Was also?« sagst Du. »Freuen sich Dumme und Schlechte nicht?« Nicht mehr als Löwen, die eine Beute geschlagen haben: wenn sie sich mit Wein und Lüsten ermüdet haben, wenn ihnen die Nacht unter Lastern vergangen ist, wenn die Vergnügungen, die dem beschränkten Körper über das hinaus, was er fassen konnte, aufgedrängt worden sind, fortzueitern begonnen haben, dann schreien sie armselig den bekannten Vers Vergils[7] heraus:

> denn wie wir die letzte Nacht unter trügerischen Freuden verbracht haben, weißt Du.

(18) Omnem luxuriosi noctem inter falsa gaudia et quidem tamquam supremam agunt: illud gaudium quod deos deorumque aemulos sequitur non interrumpitur, non desinit; desineret, si sumptum esset aliunde. Quia non est alieni muneris, ne arbitrii quidem alieni est: quod non dedit fortuna non eripit. Vale.

Epistula LX

Seneca Lucilio suo salutem

(1) Queror, litigo, irascor. Etiamnunc optas quod tibi optavit nutrix tua aut paedagogus aut mater? nondum intellegis quantum mali optaverint? O quam inimica nobis sunt vota nostrorum! eo quidem inimiciora quo cessere felicius. Iam non admiror si omnia nos a prima pueritia mala sequuntur: inter execrationes parentum crevimus. Exaudiant di quandoque nostram pro nobis vocem gratuitam. (2) Quousque poscemus aliquid deos, quasi ita nondum ipsi alere nos possimus? Quamdiu sationibus implebimus magnarum urbium campos? quamdiu nobis populus metet? quamdiu unius mensae instrumentum multa navigia et quidem non ex uno mari subvehent? Taurus paucissimorum iugerum pascuo impletur; una silva elephantis pluribus sufficit: homo et terra et mari pascitur. (3) Quid ergo? tam insatiabilem nobis natura alvum dedit, cum tam modica corpora dedisset, ut vastissimorum edacissi-

(18) Jede Nacht verbringen die Verschwender unter trügerischen Freuden, und zwar als ob es die letzte wäre: jene Freude, die die Götter und die ihnen nacheifern begleitet, wird nicht unterbrochen, hört nicht auf; sie würde aufhören, wenn sie anderswoher genommen wäre. Weil sie nicht aus fremder Gefälligkeit stammt, unterliegt sie nicht einmal fremdem Gutdünken: was das Schicksal nicht gegeben hat, entreißt es nicht. Leb wohl!

60. Brief

Seneca grüßt seinen Lucilius

(1) Ich beklage mich, ich zanke, ich zürne. Auch jetzt wünschst Du noch, was Dir Deine Amme, Dein Mentor[1] oder Deine Mutter gewünscht haben? Siehst Du noch nicht ein, wie viel Unglück sie gewünscht haben? O wie feindlich sind uns die Wünsche der Unseren! Und zwar um so feindlicher, je glücklicher sie ausgegangen sind. Ich wundere mich nicht weiter, wenn uns alle Übel von frühester Jugend an begleiten: unter Verwünschungen unserer Eltern sind wir aufgewachsen. Mögen die Götter irgendwann einmal unser uneigennütziges Gebet für uns selbst erhören! (2) Wie lange noch werden wir etwas von den Göttern fordern, als ob wir uns so noch nicht ernähren könnten? Wie lange werden wir mit unseren Saaten die Felder großer Städte mit Beschlag belegen? Wie lange wird ein ganzes Volk für uns ernten? Wie lange werden die Zurüstung für eine einzige Tafel viele Schiffe nicht einmal nur aus einem einzigen Meer heranschaffen? Ein Stier wird auf einer Weide von sehr wenigen Morgen satt; ein einziger Wald genügt zahlreichen Elefanten: der Mensch braucht Land und Meer zugleich, um sich zu nähren. (3) Was also? Hat uns die Natur einen so unersättlichen Magen gegeben, obwohl sie uns so unbedeutende Körper gegeben hat,

morumque animalium aviditatem vinceremus? Minime; quantulum est enim quod naturae datur! Parvo illa dimittitur: non fames nobis ventris nostri magno constat sed ambitio. (4) Hos itaque, ut ait Sallustius, 'ventri oboedientes' animalium loco numeremus, non hominum, quosdam vero ne animalium quidem, sed mortuorum. Vivit is qui multis usui est, vivit is qui se utitur; qui vero latitant et torpent sic in domo sunt quomodo in conditivo. Horum licet in limine ipso nomen marmori inscribas: mortem suam antecesserunt. Vale.

Epistula LXI

Seneca Lucilio suo salutem

(1) Desinamus quod voluimus velle. Ego certe id ago ⟨ne⟩ senex eadem velim quae puer volui. In hoc unum eunt dies, in hoc noctes, hoc opus meum est, haec cogitatio, inponere veteribus malis finem. Id ago ut mihi instar totius vitae dies sit; nec mehercules tamquam ultimum rapio, sed sic illum aspicio tamquam esse vel ultimus possit. (2) Hoc animo tibi hanc epistulam scribo, tamquam me cum maxime scribentem mors evocatura sit; paratus exire sum, et ideo fruar vita quia quam diu futurum hoc sit non nimis pendeo. Ante senectutem curavi ut bene viverem, in senectute ut bene moriar; bene autem mori est libenter mori. (3) Da operam ne quid umquam

daß wir die Gier der riesigsten und gefräßigsten Tiere übertreffen? Keineswegs; wie wenig ist es nämlich, was man dem natürlichen Bedürfnis bieten muß. Mit wenig wird es gestillt; nicht der Hunger unseres Bauches kommt uns teuer zu stehen, sondern der Ehrgeiz. (4) Deshalb wollen wir die, die, wie Sallust[2] sagt, ›dem Bauch gehorchen‹, zu den Tieren zählen, nicht zu den Menschen, manche aber nicht einmal zu den Tieren, sondern zu den Toten. Es lebt der, der vielen von Nutzen ist; es lebt der, der sich selbst richtig gebraucht; die sich aber versteckt halten und in träger Ruhe verharren[3], sind in ihrem Haus so wie in einem Grab. Deren Namen darf man unmittelbar an der Schwelle in Marmor verewigen: sie sind ihrem Tod zuvorgekommen. Leb wohl!

61. Brief

Seneca grüßt seinen Lucilius

(1) Wir wollen aufhören zu wollen, was wir gewollt haben. Ich wenigstens bemühe mich darum, als alter Mann nicht dasselbe zu wollen, was ich als Knabe gewollt habe. Nur auf dieses Ziel hin vergehen die Tage, auf dieses hin die Nächte, dies ist meine Aufgabe, dies mein Denken, den alten Übeln ein Ende zu setzen. Darum bemühe ich mich, daß mir ein Tag Abbild des ganzen Lebens ist; und beim Herkules, ich reiße ihn nicht an mich wie den letzten, sondern ich betrachte ihn so, wie wenn er auch der letzte sein könnte.[1] (2) In dieser Gesinnung schreibe ich Dir diesen Brief, wie wenn mich gerade jetzt beim Schreiben der Tod abberufen wollte; ich bin bereit wegzugehen und werde deshalb das Leben genießen, weil ich nicht allzu wichtig nehme, wie lange dies dauern wird. Vor dem Alter habe ich dafür gesorgt, gut zu leben, im Alter dafür, gut zu sterben; gut zu sterben bedeutet aber, gern zu sterben. (3) Gib Dir Mühe, niemals etwas gegen Deinen

invitus facias: quidquid necesse futurum est repugnanti, id volenti necessitas non est. Ita dico: qui imperia libens excipit partem acerbissimam servitutis effugit, facere quod nolit; non qui iussus aliquid facit miser est, sed qui invitus facit. Itaque sic animum componamus ut quidquid res exiget, id velimus, et in primis ut finem nostri sine tristitia cogitemus. (4) Ante ad mortem quam ad vitam praeparandi sumus. Satis instructa vita est, sed nos in instrumenta eius avidi sumus; deesse aliquid nobis videtur et semper videbitur: ut satis vixerimus, nec anni nec dies faciunt sed animus. Vixi, Lucili carissime, quantum satis erat; mortem plenus expecto. Vale.

Epistula LXII

Seneca Lucilio suo salutem

(1) Mentiuntur qui sibi obstare ad studia liberalia turbam negotiorum videri volunt: simulant occupationes et augent et ipsi se occupant. Vaco, Lucili, vaco, et ubicumque sum, ibi meus sum. Rebus enim me non trado sed commodo, nec consector perdendi temporis causas; et quocumque constiti loco, ibi cogitationes meas tracto et aliquid in animo salutare converso. (2) Cum me amicis dedi, non tamen mihi abduco nec cum illis moror quibus me tempus aliquod congregavit aut causa ex officio nata civili, sed cum optimo quoque sum; ad

Willen zu tun: alles, was für den Widerstrebenden notwendig sein wird, ist für den, der will, keine Notwendigkeit. Ich behaupte folgendes: wer Befehle bereitwillig annimmt, entkommt dem bittersten Teil der Knechtschaft, nämlich zu tun, was er nicht will; nicht wer auf Befehl etwas tut, ist unglücklich, sondern wer es gegen seinen Willen tut. Deshalb laß uns unserer Seele solch eine Haltung verleihen, zu wollen, was auch immer die Lage erfordert, und besonders an unser Ende ohne Traurigkeit zu denken. (4) Wir müssen uns eher auf den Tod als auf das Leben vorbereiten. Genügend ausgestattet ist das Leben, aber wir sind auf alle Mittel zum Leben gierig; zu fehlen scheint uns immer etwas, und so wird es immer sein; daß wir genug gelebt haben, bewirken weder Jahre noch Tage, sondern die seelische Haltung. Ich habe so lange gelebt, wie genug war; den Tod erwarte ich nach erfülltem Leben. Leb wohl!

62. Brief

Seneca grüßt seinen Lucilius

(1) Die Leute lügen, die sich vormachen wollen, es hindere sie an den freien Studien[1] eine Vielzahl von Geschäften: sie täuschen Beschäftigungen vor, übertreiben sie und beschäftigen sich selbst. Ich bin frei, Lucilius, ich bin frei, und überall, wo ich bin, da bin ich mein Eigentum. Den Alltagsdingen liefere ich mich nämlich nicht aus, sondern passe mich ihnen an und suche nicht nach Anlässen, Zeit zu vergeuden; und an jedem Platz, an dem ich haltgemacht habe, da hänge ich meinen Gedanken nach und erwäge etwas Nutzbringendes in meinem Sinn. (2) Wenn ich mich Freunden gewidmet habe, werde ich mir dennoch nicht untreu und verweile nicht mit denen, mit denen mich irgendein Zeitumstand zusammengebracht hat oder ein Anlaß, der auf einer politischen Verpflich-

illos, in quocumque loco, in quocumque saeculo fuerunt, animum meum mitto. (3) Demetrium, virorum optimum, mecum circumfero et relictis conchyliatis cum illo seminudo loquor, illum admiror. Quidni admirer? vidi nihil ei deesse. Contemnere aliquis omnia potest, omnia habere nemo potest: brevissima ad divitias per contemptum divitiarum via est. Demetrius autem noster sic vivit, non tamquam contempserit omnia, sed tamquam aliis habenda permiserit. Vale.

tung beruht, sondern ich bin gerade mit den besten zusammen; mit diesen, an welchem Ort auch immer, in welchem Jahrhundert auch immer sie gelebt haben, beschäftige ich mich geistig. (3) Demetrius[2], den vortrefflichsten von allen, trage ich mit mir herum und spreche, ohne mich um die in Purpur Gekleideten zu kümmern, mit ihm, der nur spärlich bekleidet ist, ihn bewundere ich. Warum sollte ich ihn nicht bewundern? Ich habe erkannt, daß ihm nichts fehlt. Verachten kann einer alles, alles haben kann niemand; der kürzeste Weg zu Reichtum führt über die Verachtung des Reichtums. Unser Demetrius aber lebt so, nicht als ob er alles verachtet habe, sondern als ob er es anderen als Besitz überlassen habe. Leb wohl!

Zur Textgestalt

Der lateinische Text folgt im wesentlichen der Oxford-Ausgabe von L. D. Reynolds: L. Annaei Senecae ad Lucilium epistulae morales. 2 Bde. Oxford: Clarendon Press, 1965 (repr. 1966, 1969, 1972). Folgende Textvarianten bzw. Konjekturen wurden der Ausgabe von Préchac (siehe Ausgaben und Übersetzungen S. 92) entnommen:

Reynolds	*Reclam*
55,1 desîmus	desiimus (cf. 56,9)
56,4 adducit	abducit
56,6 exhibet	inhibet (cf. 78,22)
56,9 desît	desiit
58,10 Sed quaedam [quae] animum habent	Sed ⟨sunt⟩ quaedam quae animam habent
60,2 deos? [quasi] ita . . . possumus?	deos, quasi ita . . . possimus?

Außerdem wurde an einer Stelle die Abtrennung der Paragraphen geändert: 56,5 beginnt entsprechend der Ausgabe von Préchac bei ›Sed iam‹. Ferner wurden zur deutlicheren Gliederung in 55,4 und in 58 mehrfach zusätzliche Abschnitte gesetzt.

Anmerkungen

53. Brief

1 Parthenope ist ein altertümlicher Name für Neapel; unbekannt ist, ob Lucilius von dort stammt oder sich gerade dort aufgehalten hat.

2 Heute Pozzuoli an der Küste von Kampanien. Die Entfernung zwischen beiden Orten beträgt nur etwa 12 km Luftlinie. Welche Schwierigkeiten auf dem Landweg zu meistern waren, schildert Seneca im 57. Brief.

3 Kleine Insel auf der Seestrecke zwischen beiden Orten gegenüber dem Kap Misenum, heute Nesita.

4 Die beiden folgenden Zitate aus Vergils *Aeneis* (6,3 und 3,277) sind so in den Text eingefügt, als ob Vergil selbst die Anweisungen für das Anlegen gäbe.

5 In Brief 83,5 spricht Seneca ausführlich von seiner Vorliebe für Kaltbäder; auch dort bezeichnet er sich griechisch als ψυχρολούτης.

6 Die *gausapa* war ein langhaariges Gewebe keltischer Art, das für Tücher und Laken, seit der Kaiserzeit aber auch für eine Art der Tunika verwendet wurde; hier könnte man an eine Art Bademantel denken.

7 Im Lateinischen Wortspiel mit *ferre*, das zunächst in der gleichen Bedeutung wie *pati* verwendet ist, dann aber wörtlich genommen wird: Seneca konnte sich kaum auf den Füßen halten.

8 Seneca denkt an Szenen wie *Odyssee* 5,424 ff. oder 12,420 ff., erklärt aber Odysseus' Schiffbruch scherzhaft entsprechend seinem eigenen Erlebnis.

9 Anspielung auf die Zeit vom Beginn des Trojanischen Krieges bis zu Odysseus' Heimkehr.

10 Damit will Seneca andeuten, daß man sich Vorstellungen in einem unwillkürlichen Vorgang macht, d. h. träumt.

11 Hier fließen der in § 7 ausgeführte Vergleich vom Schlafen und Träumen und das Verglichene, sich mit Hilfe der Philosophie seiner selbst bewußt zu werden, in einen Ausdruck zusammen.

12 Römer aus den angesprochenen Gesellschaftsschichten wohnten meist auf den Hügeln nördlich und östlich des Forums, mußten also in die Niederung herabsteigen, in der das Forum liegt, wenn sie dort Geschäfte hatten.

13 *bona mens* dürfte die Übersetzung des griechischen Terminus εὐθυμία sein, der das Ziel des philosophischen Strebens, das *summum bonum*, bezeichnet.
14 Die Dinge werden wie die Philosophie personifiziert.
15 Seneca verwendet jeweils das schärfere Demonstrativpronomen *huc*, *huic*, *hanc*, um die Wichtigkeit der Philosophie zu unterstreichen.
16 Der große Künstler ist der stoische Weise (*sapiens*), der die Gegensätze in sich vereinigt.
17 Seneca denkt wohl an die griechische φύσις, der der Gott seine Furchtlosigkeit zu verdanken hat, die ihm also ein *beneficium* erweist, während es der Weise sich selbst zu verdanken hat.
18 Also ohne jede Waffe zur Abwehr.
19 Den gleichen Ausdruck verwendet Senecas Neffe Lucan (3,483 f.): die Schlachtreihe *omnia tela respuit.* Die Priorität ist ungeklärt, doch könnte es sich um ein ehrendes Zitat für den jüngeren handeln.

54. Brief

1 Seneca war also längere Zeit von Anfällen verschont geblieben.
2 Seneca verzichtet auf den griechischen medizinischen Terminus (Asthma), vielleicht um das Unangenehme ehrlicher beim Namen zu nennen. Die Beschreibung der Anfälle wirkt, als ob sie von einem Arzt stammte.
3 Erster Hinweis auf den Todesgedanken: *exspirare* kann auch sterben bedeuten, d. h. länger kann niemand einen solchen Anfall aushalten, sonst stirbt er daran. In § 2 wird diese Möglichkeit, ja sogar Erwartung deutlich.
4 Seneca kränkelte von Geburt an.
5 Wörtlich: die Seele auswerfen, von sich geben.
6 Das Leben ist ein kurzes Brennen der Lampe zwischen zwei unendlichen Perioden des Ausgelöschtseins, das Brennen ist Leiden, das Ausgelöschtsein tiefe Geborgenheit.

55. Brief

1 Dieser Name ist sonst nicht überliefert.
2 Der Acherusische See, heute Lago della Collucia.
3 Sohn des Politikers und Historikers Asinius Pollio; weil er Tiberius' erste Frau Vipsania Agrippina geheiratet hatte, war er dem Kaiser verdächtig geworden; Tacitus, *Annalen* I,12.
4 Aelius Seianus, Präfekt der Prätorianer, einflußreichster Vertrauter des Kaisers Tiberius. 31 n. Chr. wird er nach Aufdeckung seiner Verschwörung gegen Tiberius hingerichtet, seine Freunde werden verfolgt; Tacitus, *Annalen* IV und V.
5 Mit der Stadt ist Rom gemeint.
6 *Codicelli* sind mit Wachs überzogene Holztäfelchen, in die man kurze Mitteilungen einritzen konnte, die an Personen in der Nähe gerichtet waren.

56. Brief

1 Man vergleiche heutiges Krafttraining! In der Antike wurden Bleigewichte direkt an die Hände gebunden.
2 Statt zu trainieren.
3 Sklave, der die Haare (besonders unter der Achsel) durch Auszupfen entfernt.
4 Vermutlich ein Stoiker, der nur den Namen mit dem berühmten stoischen Theoretiker und Nachfolger Zenons gemeinsam hat. Der Text läßt darauf schließen, daß dieser Chrysipp schon bei der morgendlichen Salutatio seine Fassung verlor.
5 Nilkatarakte, die auch bei Cicero im *Somnium Scipionis* 19 erwähnt sind; dort sind die Anwohner vom Tosen taub.
6 Brunnen in Form eines Steinkegels in der Nähe des Forum Romanum auf dem Palatin.
7 Varro Atacinus, *Argonautica* III, fr. 1.
8 Vergil, *Aeneis* 2,726–729.
9 Damit sind Aeneas' Sohn Ascanius und sein Vater Anchises gemeint; die Textstelle steht in Aeneas' Erzählung von Trojas Untergang und seiner Flucht bei der karthagischen Königin Dido.
10 Vgl. Horaz, carm. III,3,7.
11 Odysseus hat seinen Gefährten die Ohren mit flüssigem Wachs verstopft, sich selbst aber an den Mastbaum binden lassen: *Odyssee* 12,166 ff.

57. Brief

1 Vgl. Brief 53, wo die mißlungene Hinreise mit dem Schiff geschildert ist.
2 Athleten, vor allem Ringer salbten ihren Körper mit Wachssalbe oder Salböl, um die Haut geschmeidig zu machen.
3 Beim Ringkampf versuchte man, den Gegner in den Sand zu werfen, um dann die Griffe besser ansetzen zu können.
4 Tunnel durch den Berg zwischen Puteoli und Neapel, 700 m lang, unter Augustus angelegt. Der weiche, vulkanische Tuff zerfällt leicht zu Staub.
5 Der stoische Weise, den kein Affekt erschüttern kann.
6 Der stoische Weise ist frei von Affekten; zwar ist ein Stimmungswechsel wie der hier beschriebene einem Affekt ähnlich, aber Seneca hält sich, wie er in § 3 gesagt hat, keineswegs für weise.
7 Nach Ansicht der Stoiker besteht die Seele aus einem äußerst feinen, feuerähnlichen Stoff, ist also materiell. Sie dauert von einem Weltbrand zum anderen (12 000 Jahre), dann wiederholt sich derselbe Ablauf der Dinge.
8 Die Ewigkeit währt von einem Weltbrand zum anderen, s. Anm. 7.

58. Brief

1 Seneca nennt seinen Gesprächspartner nicht; in § 8 bezeichnet er ihn als *amicus noster, homo eruditissimus.*
2 Vergil, *Georgica* 3,146–150.
3 Fluß, der aus Lukanien kommt und im Unterlauf die Grenze zwischen Lukanien und Kampanien bildet.
4 Waldgebirge in Lukanien.
5 Vergil, *Aeneis* 12,708 f.
6 Vergil, *Aeneis* 11,467.
7 Frühe römische Dichter: Ennius (239–169 v. Chr.), Accius (170 bis um 86 v. Chr.).
8 Vgl. Horaz, ep. II, 2,115–118.
9 In den erhaltenen Schriften findet sich der Begriff nicht.
10 Philosoph aus der Schule des Sextius, lebte zur Zeit des Augustus.
11 Die verwöhnten Ansprüche der Zeit Senecas richteten sich vor allem gegen harte Archaismen.
12 Die Bedeutung des Ausdrucks *res necessaria* ist nicht eindeutig; entweder ›etwas, um dessen Behandlung der Philosoph nicht herumkommt‹, oder ›das, was für alles Seiende notwendige Voraus-

setzung ist‹. Vgl. den Kommentar von Will Richter in seiner Seneca-Ausgabe, S. 15.

13 *natura* wird entsprechend dem Kommentar von Will Richter, S. 15, als Nominativ aufgefaßt und bezeichnet dann das Ur-Sein, das begrifflich Umfassendste (*fundamentum* als Übersetzung des aristotelischen ὑποκείμενον).

14 Am Anfang dieses Briefes.

15 Die Argumentation stimmt insofern nicht, als τὸ ὄν eine Verbform ist, die durch den Artikel zu einem Nomen gemacht ist.

16 Siehe Anm. 18 zu § 16.

17 Aristoteles, *Kategorien* 2b 11.

18 Die Systematik der 6 Seinsweisen (also nicht eine Einteilung der seienden Dinge, wie die Vorbemerkungen Senecas über Gattung und Art vermuten lassen) ist im erhaltenen Werk Platons nicht entwickelt und auch sonst nicht bezeugt. Daß sie eine philosophiegeschichtliche Erfindung Senecas ist, kann man kaum annehmen. So bleibt die Herkunft dieses Systems unklar, vielleicht kann man an Poseidonios denken.

19 Entspricht dem griechischen πάντα ῥεῖ. Aus dieser Lehre Heraklits entwickelt Platon im Kratylos (v. a. 440a ff.), daß die Erkenntnis nicht an die Dinge der Sinnenwelt anknüpfen könne, sondern an die Existenz eines unveränderlich Seienden gebunden sei.

20 Heraklit B 49a (Diels/Kranz): ›In dieselben Flüsse steigen wir und steigen wir nicht, wir sind und wir sind nicht.‹

21 Am knappsten formuliert in Brief 24,20: *cotidie morimur.*

22 Seneca meint den Nutzen für die sittliche Vervollkommnung des Menschen. Er beantwortet die Frage nach dem Nutzen dialektischer Erörterungen immer negativ, nach dem physikalischer Untersuchungen bedingt positiv.

23 *philosophia* ist bei Seneca Moralphilosophie, Ethik; alle übrigen Gebiete der Philosophie in unserem Sinn nennt er *artes* (z. B. ep. 88,17); die Beschäftigung mit Fragen der Logik nennt er *philologia* (ep. 108,23).

24 Es scheint sich um eine volkstümliche Etymologie des Namens Platon zu handeln; das griechische Adjektiv πλατύς bedeutet ›breit‹, ›breitschultrig‹.

25 Anspielung auf die drei Reisen nach Sizilien und die Gefahren, denen er dort ausgesetzt war.

26 Eigtl. persische Priester, dann allgemein Zauberer.

27 Gemeint ist der geistige Bereich.

59. Brief

1 Der Begriff *voluptas*, den Seneca in diesem Brief vielfach verwendet, hat ein breites Bedeutungsspektrum: er kann alles von geistiger Freude bis zu höchster Sinnenlust bezeichnen. Hier wurde die Übersetzung Vergnügen/Vergnügungen gewählt, um auch einen einheitlichen Begriff zu verwenden. Bei den Stoikern ist die Bedeutung auf sinnliche Genüsse festgelegt.
2 *album* bezeichnet eine weiße Tafel mit öffentlichen Bekanntmachungen, Verzeichnissen oder Listen. Sie war zur Veröffentlichung von Tatbeständen allgemeinen Interesses weit verbreitet. Hier sind die stoischen Grundregeln gemeint, die so bekannt sind, als ob sie auf so einer Tafel öffentlich aufgestellt wären.
3 Vergil, *Aeneis* 6,278 f.
4 Quintus Sextius Niger, geb. um 70 v. Chr., gründete eine philosophische Schule, der auch Senecas Lehrer Sotion aus Alexandria angehörte. Vgl. ep. 73,12 und 108,17 sowie P. Grimal, *Seneca*, S. 179 f.
5 Wenn einem Heer ein Weg, auf dem es marschiert, gefährlich scheint, weil der Verdacht besteht, Feinde könnten angreifen, sichert es seinen Marsch besonders gut und ist damit besonders sicher.
6 Gemeint ist der vollkommene stoische Weise.
7 Vergil, *Aeneis* 6,513 f.

60. Brief

1 Sklave, der die Söhne seines Herrn beaufsichtigte und überallhin begleitete, vor allem auch zum Unterricht. Wenn dieser Sklave gebildet war, erteilte er auch selbst Unterricht.
2 Sallust, *Catilina* 1,1. Bei Sallust bezieht sich diese Aussage auf *pecora* (*ventri oboedientia*), die mit Menschen verglichen werden, die ihr Leben unbeachtet verbringen.
3 Vgl. ep. 55,4 f.

61. Brief

1 Seneca ist sich darüber klar, daß jeder Tag seines Lebens der letzte sein kann, und verhält sich so, wie es seiner philosophischen Grundhaltung entspricht, d. h. er lebt bewußt ohne Furcht vor dem Tod.

62. Brief

1 *Studia liberalia* sind zunächst, wie in ep. 59,15, allgemein die freien Künste, dann die wissenschaftlich-philosophischen Studien, die eines freien Mannes würdig sind, und schließlich das Streben nach der Kunst, sein Leben recht zu führen und innere Freiheit zu gewinnen.
2 Kynischer Philosoph des 1. Jh.s n. Chr.; vgl. ep. 20,9.

Nachwort

> *»Je suis moy-mesmes la matiere de mon livre.«*
> (Michel de Montaigne im Vorwort an den Leser zur Erstausgabe der Bücher I und II der Essais, 1580.)

»Ich bin selbst der Stoff meines Buches«, dieses Motto paßt auf keines der Bücher von Senecas Briefen so wie auf das vorliegende 6. Buch. Denn Seneca beginnt alle Briefe mit Ausnahme der letzten drei (Briefe 60 bis 62) mit einem persönlichen Erlebnis und leitet erst im weiteren Verlauf des Briefes zum eigentlich philosophischen Thema über.

Im 53. Brief (dem ersten des 6. Buches) schildert er eine wegen eines aufziehenden Sturms abgebrochene Seereise von Neapel nach Puteoli. Er kann im nachhinein selbst nicht verstehen, daß er sich hat dazu überreden lassen. Er zwang den Steuermann, ihn an der nächstgelegenen Küste abzusetzen, d. h. er sprang kurz vor der Landung ins Wasser und schwamm an Land. In der Art, wie dieser Teil des Erlebnisses geschildert ist, kann man einen spielerisch-ironischen Unterton erkennen. Aber gleich erhebt er wieder beredte Klage, wie schlimm es ihm ergangen ist. Ein Wortspiel (vgl. Anm. 7 zur Übersetzung) und die Umdeutung der Irrfahrten des Odysseus (vgl. Anm. 8 zur Übersetzung) lassen trotzdem den ironisch-scherzhaften Ton noch deutlicher hervortreten.

Sobald Seneca sich etwas erholt hat (er hatte beim Sprung ins Wasser sogar an das Salböl gedacht), beginnt er, das Erlebte gedanklich zu verarbeiten und auszuwerten. Man verdrängt körperliche Schwächen gern, aber noch eher und leichter die geistigen: Krankheiten des Körpers (als Beispiele werden Fieber und Gicht angeführt) zwingen zum Eingeständnis der Krankheit, wenn sie stärker ausbrechen; bei Krankheiten der

Seele ist es genau umgekehrt: man bemerkt sie nicht, weil man sich völlig in ihrer Gewalt befindet. So wie nur ein Wacher einen Traum erzählen kann, kann auch nur einer, der seelisch gesund ist, seine Schwächen einsehen. Die Ebenen des Vergleichs vermischen sich: aufzuwachen aus Schlaf und seelischer Krankheit ist die Aufgabe, die Lucilius (und entsprechend jeder Leser) nur mit Hilfe der Philosophie lösen kann. Sie beansprucht den Menschen ganz; wenn er nach sittlicher Vollkommenheit strebt, muß er sich von allem anderen freimachen. Wie ernst die Entscheidungssituation ist, wird ganz deutlich: es geht um die Wahl des richtigen Lebens und der richtigen Werte. Wenn er sich richtig entschieden hat, wird er alle übrigen Menschen übertreffen, selbst die Götter haben ihm nur die Dauer der Existenz voraus. Mit diesem Gedanken nimmt Seneca die Lehre der alten Stoiker auf. Er führt sie aber weiter und deutet sie so um, daß der Weise eine Überlegenheit gewinnt: er hat sich selbst von seiner Furcht befreit und genießt so trotz menschlicher Schwäche die Sicherheit Gottes.[1] Der Brief endet mit dem Bild gewaltsamer Angriffe des Zufalls, die die Philosophie ohne Mühe abwehrt.

Der stoische Weise kämpft um seine Unabhängigkeit, Unbeeinflußbarkeit und seelische Gesundheit und gewinnt so eine innere Sicherheit, die vergleichbar ist mit der eines Gottes, und da selbsterworben, noch mehr wert ist. Welch ein Gegensatz zum ersten Teil des Briefes! Es wird deutlich, daß selbst jemand wie Seneca, der doch das Ideal der Ataraxie (Unerschütterlichkeit) anstrebt, äußeren Einflüssen ausgeliefert ist und ihnen zumindest zeitweise nachgeben muß. Diese Thematik wird im 57. Brief wieder aufgenommen und vertieft.

Im 54. Brief beginnt Seneca mit der Schilderung eines schweren Asthmaanfalls, der ihn nach langer Zeit der Ruhe wieder heimgesucht und an die Schwelle des Todes gebracht hatte. Das sei, wie auch die Ärzte sagen, eine Vorübung für den Tod. Fröhlich zu sein, weil der Anfall vorbei ist, wäre ganz falsch, weil er jederzeit wieder auftreten und eines Tages zum

Tod führen kann. Aber dieser Gedanke darf einen Stoiker nicht schrecken: nach dem Tod kann ebenso wie vor der Geburt nur Nicht-Existenz angenommen werden, und das heißt Geborgenheit. Der Vergleich mit einer Öllampe verdeutlicht diesen Gedanken. Solche Überlegungen haben Seneca beruhigt, bis der Anfall vorbei war, dessen Nachwirkungen er jetzt noch spürt. Aber das macht ihm nichts aus, solange seine Seele nicht darunter leidet. Deshalb ist er auf den Tod vorbereitet: Leben und Tod sollen eine Einheit bilden, und man soll freiwillig gehen, wenn es an der Zeit ist, dann entgeht man dem Zwang der Notwendigkeit.

Dieser Brief fällt durch seine Kürze und Geschlossenheit auf: die Krankheit dient nicht nur als ›Aufhänger‹, sondern ist für den ganzen Brief bestimmend und führt harmonisch zu verschiedenen Aspekten der stoischen Todesauffassung. Senecas persönliche Haltung dem Tod gegenüber entspricht fast der des stoischen Weisen: er hat keine Angst vor dem Tod, ohne aber das Leben zu verneinen. Gerade der Stoiker steht im Leben und bejaht es, solange es lebenswert ist.

Einen beträchtlichen Teil des 55. Briefes nimmt ein Bericht über ein Erlebnis auf einem Ausflug ein, den Seneca von Baiae aus unternommen hat. Er hat sich in der Sänfte weit tragen lassen, um durch das Rütteln ein Unwohlsein zu überwinden. Der Gefahr der Verweichlichung, wenn man sich tragen läßt, statt selbst zu laufen, ist er sich dabei bewußt. Ein altes Landhaus bietet Anlaß, sich über das Verhältnis von Zurückgezogenheit, Muße und Trägheit Gedanken zu machen. An dieser Stelle wird die Methode besonders deutlich, die Seneca in diesem Buch anwendet: er gibt weder eine Anweisung noch macht er eine allgemeine Aussage in der dritten Person, sondern er legt ein Selbstzeugnis ab.[2] Der Mann, der in dem Landhaus gelebt hat, wurde wegen dieser Zurückgezogenheit gelobt, da er den Gefahren des politischen Lebens unter Tiberius und seinem Prätorianerpräfekten Sejan nicht ausgesetzt war. Seneca rückt dieses Lob zurecht: ihm kam es immer so vor, als lebe dieser Mann wie ein Toter und schon Begrabener

in seinem Haus. Denn er hat sich um nichts und niemanden gekümmert, und das kann nach stoischer Auffassung nicht der Sinn des Lebens sein. Dabei hätte die angenehme Lage des Landhauses, seine vorzügliche Ausstattung und die Nähe zum mondänen Badeort Baiae alle Möglichkeiten eröffnet, die Muße mit Leben und Sinn zu erfüllen. Aber auch die letzte Bemerkung über den Einsiedler verdeutlicht, wie wenig dieser dazu in der Lage war.

Nun ist der Ort nicht das allein Ausschlaggebende für die Ruhe: sie muß aus der Seele kommen. Und das kann Lucilius auch dort erreichen, wo er gerade ist, er braucht nicht bei Seneca zu sein. Denn, so wird der Gedanke überspitzt formuliert, mit abwesenden Freunden kann man ständig seine Gedanken austauschen, während anwesende wegen anderer Beschäftigungen nur in begrenztem Maß zur Verfügung stehen. Seneca fühlt sich Lucilius so nahe, daß er überlegt, ob es nicht sinnvoller wäre, seinem Freund statt langer Briefe nur kurze Notizen zu schicken, wie sie über kurze Entfernungen für alltägliche Mitteilungen benutzt werden. Geistig-seelische Verbundenheit kann körperliche Trennung nicht nur überwinden, sondern sogar vorteilhaft erscheinen lassen. »Das ›Zusammensein auf Distanz‹ wird als eine höhere Form der Gemeinsamkeit gewertet.«[3] Damit charakterisiert Seneca seine Auffassung vom Wesen des Briefes als eine besondere Art des Gesprächs.[4]

Der 56. Brief läßt den Leser in ganz anschaulicher Weise am Badebetrieb in den Thermen teilnehmen. Auch wenn die Schilderung sich auf das Modebad Baiae bezieht, wo Seneca direkt über einer Badeanlage wohnt, dürften die Umstände sonst nicht anders gewesen sein: der Lärm ist es, der einen in seine Gedanken vertieften Philosophen immer wieder aufstört. Dabei hatte der erste Satz des Briefes so geklungen, als ob Seneca gar nicht auf Stille angewiesen wäre. Aber im Verlauf des Berichts stellt sich doch heraus, wie störend sich manche Geräusche auswirken. Trotzdem: Seneca fühlt sich wie aus Eisen und taub, er kümmert sich nicht darum. Dann

differenziert er zwischen verschiedenen Arten von Geräuschen, und ganz unmerklich hat er den Leser nach Rom entführt. Seneca ist im Innern ruhig und dadurch gegen Lärm von außen relativ unempfindlich. Denn seine Seelenhaltung ist so, daß wahre Ruhe eingekehrt ist. Manches kann diese Ruhe stören: Trägheit, Furcht, Ehrgeiz, Genußsucht: all dies führt zu innerer Unruhe, muß also überwunden werden. Dazu muß man zunächst die Störfaktoren erkennen, um wirksam gegen sie angehen zu können. Wenn man dann alle Äußerlichkeiten verachtet, wird einen auch Lärm nicht mehr stören, weil man ihn nicht mehr auf sich bezieht. Damit nimmt Seneca am Ende des Briefes den Anfang wieder auf: er wollte sich an einem Platz voller Lärm auf die Probe stellen; die Probe ist gelungen, jetzt kann er abreisen. Thema des Briefes ist also eines der stoischen Grundprinzipien: die Ataraxie (Unerschütterlichkeit), die der Weise erreichen soll.

Im 57. Brief schildert Seneca die Rückreise von Baiae nach Neapel; die Hinfahrt mit allen Schrecken der Seefahrt hatte er im 53. Brief beschrieben. So wählt er diesmal den Landweg, aber auch der hat seine Schwierigkeiten: verschlammte Wege und anschließend der mit Staub erfüllte Tunnel zwischen Puteoli und Neapel. Eine solch ungewohnte, häßliche Lage muß als naturbedingte Empfindung bei jedem Menschen ihren Eindruck hinterlassen, auch beim vollkommenen Weisen. Seneca unterscheidet also zwischen einer Gemütsbewegung, die jeder spürt, und den Affekten, von denen der stoische Weise frei sein soll. Angst verspürt zu haben, leugnet Seneca ausdrücklich, und die bedrückte Stimmung ist mit der Rückkehr ans Tageslicht wie weggeblasen. Ein weiterer Gedanke über unbegründete größere Furcht, die mehr auf die wirkenden Kräfte als auf die Wirkung schaut, schließt sich an. Das führt zu einer Erörterung über die Vorstellung von der Seele. So materiell, wie die Stoiker sie sehen, kann Seneca sie sich nicht denken, da dann die Möglichkeit der Vernichtung nicht ausgeschlossen wäre. Mit Vergleichen von einer Flamme, der Luft und einem Blitz belegt Seneca seine Auffas-

sung, daß die Seele nicht vernichtet werden kann. Damit ist noch keine Aussage über die Unsterblichkeit der Seele gemacht, sondern nur festgestellt, daß sie, wenn sie den Körper überlebt, auf jeden Fall unsterblich sein muß.[5]
Den größten Teil des 58. Briefes, des ersten großen doxographischen Briefes in der Sammlung, nimmt eine weitläufige theoretische Erörterung ein, ein Kapitel aus der Logik.[6] Die Anknüpfung an ein aktuelles Ereignis ist diesmal sehr locker. Was Seneca aber im letzten Teil des Briefes schreibt, stellt den Wert der ganzen langatmigen Untersuchung in Frage. Er bemerkt nämlich auf Lucilius' Frage nach dem Nutzen, daß eigentlich keiner vorhanden sei, sondern es handele sich nur um eine Etüde zur Entspannung und Ablenkung des Geistes, der gerade nicht mit seinen eigentlichen Aufgaben beschäftigt ist, aber auch aus einer solchen Etüde etwas Nützliches entnehmen kann.
Die Untersuchung beginnt mit der Feststellung, daß es viele griechische Wörter gebe, für die ein lateinisches Äquivalent fehle. Nach gänzlich unphilosophischen Beispielen aus Vergil kommt Seneca auf das zu sprechen, worauf er zunächst hinauswill: zur Systematisierung alles Seienden braucht er lateinische Begriffe für οὐσία und τὸ ὄν. Bei ersterem gibt es eine Entsprechung, *essentia*, aber das ist ein Wort, das dem Ohr wehtut und für dessen Anwendung Seneca die Erlaubnis seines Partners braucht. Er erhält sie, ohne den Begriff im weiteren Verlauf des Briefes zu verwenden. Schwieriger ist die Umsetzung im zweiten Fall: τὸ ὄν kann als nominalisiertes Partizip nicht adäquat wiedergegeben werden, als gebräuchlicher Ersatz muß der Relativsatz *quod est* verwendet werden. Und das bereitet Seneca unendliche Schwierigkeiten, weil er bestrebt ist, Wort für Wort zu übersetzen.[7]
Nach dieser Vorüberlegung kommt Seneca immer noch nicht auf das zu sprechen, was er eigentlich darlegen will; vorher erklärt er noch den Unterschied zwischen Gattung und Art, um so die allem übergeordnete Gattung zu finden. Dies ist

der gerade erörterte Begriff *quod est*, da Seneca eine weitere Überordnung des stoischen *quid* ablehnt.
Nach dieser weitgespannten Vorrede stellt Seneca das dar, was er Lucilius mitteilen will: die Einteilung alles Seienden in sechs Gattungen, die er auf Platon zurückführt. Allerdings ist eine solche Einteilung von Platon nicht bekannt (vgl. Anm. 18 zur Übersetzung): einiges knüpft zwar an platonische Gedanken an, aber vieles weicht davon ab, z. B. der Versuch, εἶδος und ἰδέα genau zu scheiden, während Platon beide Begriffe vielfach synonym für die Idee, das Urbild verwendet.[8]
Diese Darstellung, den Hauptteil des Briefes, bezeichnet Seneca auf Lucilius' Frage nach dem Nutzen als reine Entspannungsübung, wenn man sich gerade nicht mit Philosophie im eigentlichen Sinn, also Ethik, beschäftigt. Aber dann macht er doch deutlich, daß man auch daraus etwas Sinnvolles gewinnen kann: wenn alles mit den Sinnen Erfaßbare nicht eigentlich existiert, sondern nur eingebildet und unbeständig ist, muß man seine Gedanken auf Höheres richten, auf die Urgestalten und den Gott, der alles lenkt und durch dessen Fürsorge alles erhalten bleibt.
Genauso, fährt Seneca in überraschender Wendung fort, müssen wir unser Leben durch Vorsorge für unseren Körper, d. h. vor allem durch Vermeidung von Begierden und durch Enthaltsamkeit, zu verlängern suchen. So ist es Platon gelungen, ein hohes Alter zu erreichen. Damit ist Seneca beim letzten Thema dieses Briefes angelangt: Vorzüge und Probleme des Alters. Er stellt eine klare Beziehung auf: solange der Verstand seine Klarheit bewahrt, ist jeder Tag, den man länger lebt, wertvoll. Aber wenn unheilbare Krankheit, ununterbrochene Schmerzen den Geist am Denken hindern, darf man seinem Leben ein Ende setzen, weil es seinen eigentlichen Sinn nicht mehr erfüllen kann. Und wenn das notwendig erscheint, muß man es so rechtzeitig tun, daß man noch dazu imstande ist. Seneca geht also mit einer gewissen Kasuistik an die Frage, wann der Selbstmord erlaubt sei.[9] Bei die-

sem Thema könnte er noch lange verweilen, aber, so bricht er ab, wer bei einem Brief kein Ende finden kann, wird es auch bei seinem Leben nicht können.
Zu Beginn des 59. Briefes nimmt Seneca Bezug auf ein Schreiben von Lucilius, über das er sich besonders gefreut hat, weil Lucilius seine Ausdrucksweise gut unter Kontrolle hat und sich nicht hinreißen läßt vom Strom der Worte. Aber bevor Seneca Lucilius dieses Kompliment macht, rechtfertigt er seine Verwendung des Begriffs *voluptas*, den er nicht nach stoischer Terminologie, sondern in der üblichen Bedeutung verwendet. Der Stoiker differenziert zwischen *voluptas*, die abzulehnen ist, und *gaudium*, das die immerwährende Freude des vollkommenen Weisen bezeichnet. Seneca macht deutlich, daß diese Begriffe in ihrer alltäglichen Bedeutung undifferenzierter und unreflektiert verwendet werden.
Ein weiterer Punkt, der Seneca an Lucilius' Schreiben aufgefallen ist, ist der Gebrauch von Metaphern und Bildern. Das nimmt er zum Anlaß, sich über deren Zweck zu äußern. Um zu rechtfertigen, daß Bilder zur Verdeutlichung dienen, greift er auf Vorbilder aus älterer Zeit zurück und erörtert ein Bild, das der Philosoph Sextius verwendet hat: der Weise muß wie ein Heer auf einem gefährlichen Marsch gegen überraschende Angriffe gesichert sein.[10] Die Ataraxie (Unerschütterlichkeit) ist das Ziel des stoischen Weisen, er darf sich von nichts Äußerem beeinflussen lassen (im 52. Brief, §§ 3 ff. stellt Seneca diesen Anspruch nicht so absolut). Warum wir diese Haltung nicht erreichen können, führt Seneca auf verschiedene Ursachen zurück: wir setzen uns nicht entschlossen genug gegen Torheit zur Wehr, wir glauben Lehren weiser Männer nicht und beschäftigen uns nur nebenher mit der Philosophie, und schließlich sind wir schnell geneigt, uns zufriedenzugeben, wenn uns jemand schmeichelt, auch wenn wir genau wissen müßten, daß das Lob zumindest übertrieben ist. Dagegen muß man sich bewußt wehren und solches Lob ablehnen.
Im letzten Teil des Briefes greift Seneca die Begriffe *voluptas*

und *gaudium* wieder auf. Nur der Weise lebt in beständiger Freude; der Mensch, der nach Vergnügungen strebt, ist weit von ihr entfernt und kann sie auf diesem Weg nicht erreichen. Denn alle Vergnügungen, die Seneca aufzählt, führen zu Beunruhigung, Ekel, Qual, jedenfalls nicht zu der Ruhe und dem Gleichmaß, wodurch die beständige Freude des Weisen charakterisiert ist. Da der Weise sich diese Haltung selbst erarbeitet hat, kann sie ihm auch durch nichts entrissen werden.

Die letzten drei Briefe des 6. Buches sind sehr kurz und gehen nicht wie die anderen in diesem Buch von einem aktuellen Anlaß aus. Den 60. Brief beginnt Seneca mit einem Zornausbruch: drei Verben des Zorns bilden in asyndetischer Reihung den ersten Satz. Grund dafür scheinen Wünsche des Lucilius zu sein, die nicht dem entsprechen, was Seneca für ihn wünscht. Es besteht eine Diskrepanz zwischen dem, was Eltern für einen wünschen (Seneca bezeichnet diese Wünsche sogar als Verwünschungen), und dem, was man selbst für sich wünschen sollte. Worauf beziehen sich nun diese unterschiedlichen Wünsche? Es scheint, daß es nur um die Befriedigung körperlicher Bedürfnisse, Essen und Trinken, geht. Aber so eng darf man die Wünsche wohl doch nicht sehen: es geht ganz allgemein um Äußerlichkeiten, auf die die meisten Wünsche verschwendet werden. Dabei dient dann alles nur dazu, übertriebene Wünsche des Bauches zu befriedigen. Und wenn man sich so verhält, zählt man nicht zu den Menschen, sondern zu den Tieren und manche nicht einmal dazu, so übersteigert Seneca, sondern zu den Toten, weil sie sich verstecken und nur ihrer Trägheit frönen. Ihrer eigentlichen Aufgabe als Menschen kommen sie nicht nach.

Auch der 61. Brief beginnt mit der Aufforderung, von falschen Wünschen Abstand zu nehmen: als alter Mann darf man nicht mehr dieselben haben wie als Knabe. Seneca macht sofort deutlich, worauf sich seine Bestrebungen jetzt richten: den alten Übeln ein Ende zu setzen. Das bedeutet, man muß sich so verhalten, eine solche seelische Einstellung haben, daß

man jeden Tag vom Tod abberufen werden kann. Ziel ist es, Notwendiges nicht widerstrebend über sich ergehen zu lassen, sondern es so in sein eigenes Wollen hineinzunehmen, daß man es gern tut. So werden im stoischen *amor fati* Determinismus und freier Wille versöhnt,[11] ein Thema, das Seneca schon im 54. Brief, § 7 angeschnitten hatte. Ein Leben erreicht nicht dadurch seine Erfüllung, daß es lange währt, sondern dadurch, daß man es richtig nutzt und auf den Tod vorbereitet ist. Seneca kann das bei seinem hohen Alter leicht sagen und man kann fast annehmen, daß Lucilius diese Worte ebensowenig auf sich bezogen sehen möchte wie den letzten Teil des 58. Briefes (v. a. §§ 35 f.), wo Seneca selbst ausdrücklich sagt, daß Lucilius sich von solchen Überlegungen nicht angesprochen zu fühlen braucht.
Im letzten Brief dieses Buches, dem 62. Brief, faßt Seneca kurz und präzise zusammen, wie man seine Zeit sinnvoll verbringen soll. Man muß sich geistig mit Nutzbringendem beschäftigen und dazu jede Gelegenheit ergreifen, ohne sich von äußerlichen Umständen ablenken zu lassen. Auch hier wendet Seneca wieder die Methode an, im Selbstzeugnis von sich zu sprechen, statt zu mahnen oder den Zeigefinger zu erheben. Alltagsgeschäfte dürfen einen nur, solange es unumgänglich ist, davon ablenken, danach muß man sich sofort wieder dem Umgang mit denen widmen, die die Besten sind, unabhängig von Ort und Zeit. Also ist nicht die körperliche Gegenwart erforderlich, sondern die geistige Beschäftigung mit einem bewundernswerten Mann wie dem kynischen Philosophen Demetrius, der bedürfnislos gelebt hat. Die Bedeutung geistiger Kommunikation hatte Seneca im 55. Brief (§§ 8–11) in bezug auf Lucilius hervorgehoben. Auch diese Äußerung über seine Beschäftigung mit Demetrius entspricht wieder der im 6. Buch angewandten Methode, Selbstzeugnisse heranzuziehen, nur ist in diesem Brief kein aktueller Anlaß dazu gegeben wie im 53. bis 59. Brief.
Zusammenfassend läßt sich erkennen, daß dieses Buch wie kein anderes eine formale Einheit bildet.[12] Selbstzeugnisse

stehen am Beginn fast jeden Briefes, die meisten sind aus aktuellem Anlaß angeführt. Mit dieser Beschreibung seines eigenen Verhaltens strebt Seneca eine erzieherische Wirkung an: Erziehung ist zugleich Selbsterziehung; durch immer neues Vorleben der angestrebten Verhaltensweisen erfährt Lucilius und mit ihm jeder Leser am eindringlichsten, welches erzieherische Ziel Seneca vor Augen hat.

Anmerkungen

1 Den doppelten Aspekt des unwürdigen und doch würdigen Menschen betont G. Busch, »Fortunae resistere in der Moral des Philosophen Seneca«, in: G. Maurach (Hrsg.), *Seneca als Philosoph*, S. 67, Anm. 38. Über Senecas Gottesvorstellung handelt H.-P. Bütler, *Seneca im Unterricht*, S. 53.

2 H. Cancik, *Untersuchungen zu Senecas Epistulae morales*, S. 90 f. mit Anm. 163; vgl. auch ep. 62,1.

3 H. Cancik, *Untersuchungen zu Senecas Epistulae morales*, S. 52 mit Anm. 91.

4 Vgl. ep. 37; 67,2; G. Maurach, »Über ein Kapitel aus Senecas Epistelcorpus«, in: G. M. (Hrsg.), *Seneca als Philosoph*, S. 350.

5 P. Grimal, *Seneca*, S. 282.

6 Ausführliche Interpretation bei H.-P. Bütler, *Seneca im Unterricht*, S. 57–61.

7 P. Grimal, *Seneca*, S. 302.

8 Z. B. im *Euthyphron* 5d4 und 6d9.

9 Zwei einander ähnliche Fälle stellt Seneca in ep. 70,8–11 einander gegenüber; vgl. H.-P. Bütler, *Seneca im Unterricht*, S. 40.

10 Zur Verwendung dieses Bildes vgl. P. Grimal, *Seneca*, S. 366 mit Anm. 39.

11 A. D. Leeman, »Das Todeserlebnis im Denken Senecas«, in: *Gymnasium* 78 (1971) S. 328 und 332.

12 H. Cancik, *Untersuchungen zu Senecas Epistulae morales*, S. 90.

Literaturhinweise

Ausgaben und Übersetzungen

Beltrami, A.: L. Annaei Senecae ad Lucilium epistulae morales. 2 Bde. Rom: Typis Publicae Officinae Polygraphicae, 1931. (Scriptores graeci et latini consilio Academiae Lynceorum editi.)

Boella, U.: Lettere a Lucilio di Lucio Anneo Seneca. Lat./Ital. Turin: J. B. Paravia, ²1969.

Glaser-Gerhard, E.: L. Annaeus Seneca. Briefe an Lucilius. 2 Bde. Reinbek bei Hamburg: Rowohlt, 1965–67. (Lateinische Literatur. 10. 11.)

Gummere, R. M.: Seneca ad Lucilium. Epistulae Morales. Lat./Engl. 3 Bde. London / Cambridge (Mass.): Heinemann, 1953. (The Loeb Classical Library.)

Préchac, F.: Sénèque. Lettres à Lucilius. Lat. mit frz. Übers. von H. Noblot. 5 Bde. Paris: Collection des universités de France, 1959–64. (Collection G. Budé.)

Reynolds, L. D.: L. Annaei Senecae ad Lucilium epistulae morales. 2 Bde. Oxford: Clarendon Press, 1965 (repr. 1966, 1969, 1972).

Richter, W.: Lucius Annaeus Seneca. Auswahl aus seinen Prosaschriften. H. 1.2. Frankfurt a. M.: Hirschgraben-Verlag, ⁵ 1973.

Rosenbach, M.: L. Annaeus Seneca. Philosophische Schriften. Lat./Dt. Bd. 3 und 4: Ad Lucilium epistulae morales 1–69 und 70–124 [125]. (Lat. Text von F. Préchac.) Darmstadt: Wissenschaftliche Buchgesellschaft, 1974, 1984.

Rezension

Maurach, G.: Sen., Ep. ad Lucilium. 1. ed. Préchac/Noblot. 2. ed. Reynolds. In: Gnomon 40 (1968) S. 790 ff.

Ausgewählte Forschungsliteratur

Bickel, E.: Senecas Briefe 58 und 65. Das Antiochus-Posidonius-Problem. In: Rheinisches Museum 103 (1960) S. 1–20.

Bütler, H.-P. / Schweizer, H. J.: Seneca im Unterricht. Heidelberg 1974. (Heidelberger Texte. Didaktische Reihe. H. 7.)

Cancik, H.: Untersuchungen zu Senecas Epistulae morales. Hildesheim 1967. (Spudasmata. 18.)

Dahlmann, H.: Seneca und Rom. In: Das neue Bild der Antike 2 (1942) S. 296–309.

Egermann, F.: Seneca als Dichterphilosoph. In: Neue Jahrbücher für Antike und Deutsche Bildung 3 (1940) S. 18–36.

Georgii, H.: Textkritische Beiträge zu Seneca. In: Philologus 84 (1929) S. 82 ff.

Grimal, P.: Seneca. Macht und Ohnmacht des Geistes. Ins Deutsche übertr. von K. Abel. Darmstadt 1978. (Impulse der Forschung. 24.)

Hadot, I.: Seneca und die griechisch-römische Tradition der Seelenleitung. Berlin 1969.

Knoche, U.: Der Philosoph Seneca. Frankfurt a. M. 1933.

Krefeld, H.: Zur Operationalisierung von Lernzielen im Lateinunterricht. Dargestellt an Senecas 53. Brief. In: Der Altsprachliche Unterricht. Reihe 16, H. 4 (1973) S. 18–44.

Kühnert, F.: Allgemeinbildung und Fachbildung in der Antike. Berlin 1961. (Deutsche Akademie Berlin. Schriften der Sektion für Altertumswissenschaft. 30.)

Leeman, A. D.: Das Todeserlebnis im Denken Senecas. In: Gymnasium 78 (1971) S. 322–333.

Loretto, F.: Seneca als Kritiker der traditionellen römischen Denkweise. In: »Hasnerplatz 11«. Festschrift für Franz Göbhart. Graz 1979. S. 106–110.

Maurach, G.: Der Bau von Senecas Epistulae morales. Heidelberg 1970.

– (Hrsg.): Seneca als Philosoph. Darmstadt 1975. (Wege der Forschung. 414.)

Pohlenz, M.: Die Stoa. 2 Bde. Göttingen ^{4}1970–72.

Reynolds, L. D.: The Medieval Tradition of Seneca's Letters. (Oxford Classical and Philosophical Monographs. 9.)

Richter, W.: Lucius Annaeus Seneca. Das Problem der Bildung in seiner Philosophie. Diss. München 1940.

Schottlaender, R.: Epikureisches bei Seneca. In: Philologus 99 (1955) S. 133 ff.

Sørensen, V.: Seneca. Ein Humanist an Neros Hof. München ^{2}1985.

Trillitzsch, W.: Seneca im literarischen Urteil der Antike. Bd. 1: Darstellung. Bd. 2: Quellensammlung. Amsterdam 1971.

Ueberweg, F. / Praechter, K.: Grundriß der Geschichte der Philosophie. T. 1: Die Philosophie des Altertums. Berlin ^{12}1926. Graz ^{13}1953 (unveränd. photomech. Nachdr. der 12. Aufl.).

Für sachliche Informationen wurden außerdem die bekannten Nachschlagewerke (*Paulys Realencyclopädie der classischen Altertumswissenschaft*, *Der Kleine Pauly* und das *Lexikon der Alten Welt*) herangezogen.

Römische Literatur

IN RECLAMS UNIVERSAL-BIBLIOTHEK

Cicero

Cato der Ältere. Über das Greisenalter. 64 S. UB 803

De finibus bonorum et malorum / Über das höchste Gut und das größte Übel. Lat./dt. 543 S. UB 8593

De imperio Cn. Pompei ad Quirites oratio / Rede über den Oberbefehl des Cn. Pompeius. Lat./dt. 88 S. UB 9928

De officiis / Vom pflichtgemäßen Handeln. Lat./dt. 455 S. UB 1889

De oratore / Über den Redner. Lat./dt. 653 S. UB 6884

De re publica / Vom Gemeinwesen. Lat./dt. 416 S. UB 9909

Drei Reden vor Caesar. Für Marcellus. Für Ligarius. Für den König Deiotarus. 64 S. UB 7907

Epistulae ad Atticum / Briefe an Atticus (Auswahl). Lat./dt. 279 S. UB 8786

Laelius, Über die Freundschaft. 87 S. UB 868

Philippische Reden gegen M. Antonius. Erste u. zweite Rede. Lat./dt. 200 S. UB 2233

Pro A. Licinio Archia poeta oratio / Rede für den Dichter A. Licinius Archias. Lat./dt. 56 S. UB 1268

Pro P. Sestio oratio / Rede für P. Sestius. Lat./dt. 205 S. UB 6888

Rede für Sextus Roscius aus Ameria. Lat./dt. 148 S. UB 1148

Rede für Titus Annius Milo. Mit d. Komm. des Asconius. Lat./dt. 160 S. UB 1170

Rede über den Oberbefehl des Cn. Pompeius. Rede für den Dichter A. Licinius Archias. 64 S. UB 8554

Reden gegen Verres I. Lat./dt. 130 S. UB 4013 – *II.* 168 S. UB 4014 – *III.* 208 S. UB 4015 – *IV.* 261 S. UB 4016 – *V.* 183 S. UB 4017

Über den Staat. 189 S. UB 7479

Über die Rechtlichkeit (De legibus). 150 S. UB 8319

Vier Reden gegen Catilina. 88 S. UB 1236

Vier Reden gegen Catilina. Lat./dt. 149 S. UB 9399

Römische Literatur

IN RECLAMS UNIVERSAL-BIBLIOTHEK

Vermischte Prosa

Apuleius, *Das Märchen von Amor und Psyche.* Lat./dt. 152 S. UB 486

Augustinus, *Bekenntnisse.* 440 S. UB 2792 – auch geb. – *De beata vita / Über das Glück.* Lat./dt. 109 S. UB 7831 – *De vera religione / Über die wahre Religion.* Lat./dt. 231 S. UB 7971

Boethius, *Trost der Philosophie.* 189 S. UB 3154

Eugippius, *Vita Sancti Severini / Das Leben des heiligen Severin.* Lat./dt. 157 S. UB 8285

Marc Aurel, *Selbstbetrachtungen.* 188 S. UB 1241

Petron, *Satyricon.* 261 S. UB 8533

Plinius der Jüngere, *Briefe.* 76 S. UB 7787 – *Der Briefwechsel mit Kaiser Trajan.* Das 10. Buch der Briefe. Lat./dt. 160 S. UB 6988 – *Epistulae / Briefe.* Lat./dt. 1. Buch. 96 S. UB 6979 – 2. Buch. 96 S. UB 6980 – 3. Buch. 96 S. UB 6981 – 4. Buch. 96 S. UB 6982 – 5. Buch. 94 S. UB 6983 – 6. Buch. 109 S. UB 6984

Quintilian, *Institutio oratoria X / Lehrbuch der Redekunst.* 10. Buch. Lat./dt. 160 S. UB 2956

Seneca, *Apocolocyntosis / Die Verkürbissung des Kaisers Claudius.* Lat./dt. 94 S. UB 7676 – *De brevitate vitae / Von der Kürze des Lebens.* Lat./dt. 76 S. UB 1847 – *De clementia / Über die Güte.* Lat./dt. 116 S. UB 8385 – *De tranquillitate animi / Über die Ausgeglichenheit der Seele.* Lat./dt. 111 S. UB 1846 – *De vita beata / Vom glücklichen Leben.* Lat./dt. 119 S. UB 1849 – *Epistulae morales ad Lucilium / Briefe an Lucilius über Ethik.* Lat./dt. 1. Buch. 88 S. UB 2132 – 2. Buch. 96 S. UB 2133 – 3. Buch. 96 S. UB 2134 – 4. Buch. 96 S. UB 2135 – 5. Buch. 96 S. UB 2136 – 6. Buch. 94 S. UB 2137 – 7. Buch. 96 S. UB 2139 – 8. Buch. 96 S. UB 2140 – 14. Buch. 128 S. UB 9370 – *Vom glückseligen Leben und andere Schriften.* Auswahl. 160 S. UB 7790

Tertullian, *De spectaculis / Über die Spiele.* Lat./dt. 120 S. UB 8477

Valerius Maximus, *Facta et dicta memorabilia / Denkwürdige Taten und Worte.* Lat./dt. 351 S. UB 8695

Philipp Reclam jun. Stuttgart